La razón, arma infalible

Enfrentando a los homicidas de mi padre

DOUGLAS IVÁN PAÉZ SOSA

En memoria de:

José Manuel Páez Buendía, instructor de vida, compañero incondicional y padre siempre; e Iván José Páez Chacón, infante amoroso con quien la fortuna y el destino nos permitieron coincidir existencialmente, aunque por muy poco tiempo.

PRÓLOGO

Desde el 16 de marzo de 2004, hasta el 13 de diciembre de 2006, Douglas Iván Páez, cartagenero, casado, padre de adoradas hijas, y profesional independiente, se vio involucrado en una guerra de varios frentes. Ni él, ni su familia, ni sus amigos y conocidos podrían imaginar el número de sentencias de muerte que lo amenazaron y el número de veces que se salvó. Esta corta crónica da testimonio de la inteligencia, astucia, atrevimiento y suerte que lo salvaron, y a la vez que narra un nefasto capítulo en la historia de la ciudad de Cartagena, y los pueblos de Marialabaja y Malagana (los cuales forman parte de la zona de conflicto conocida como Montes de María).

Todo comenzó con la trágica e inesperada muerte de don José Manuel Páez (de 69 años, el padre "amoroso, consentidor y complaciente" de Douglas), junto con la del querido Iván José Páez (niño de 14, e hijo de don José). Ambos se movilizaron en una motocicleta en la región de El Vizo cuando fueron embestidos por una camioneta Toyota Prado en las horas de la tarde, al salir de la finca donde vivían hacía cinco años. De golpe, Douglas perdió dos de sus seres más queridos —no sólo por él y la relación especial que mantuvieron, sino por los compañeros y conocidos de ambos. Vecinos de Malagana y Marialabaja elogiaron a don José por su compañerismo y entereza como amigo y vecino, y todo el colegio de Iván José salió a despedirlo cuando pasaron en ruta a las exequias en la iglesia del pueblo.

Un luto normal no le fue permitido a Douglas ya que el mismo día del fatal accidente empezaron a presentarse los actores que protagonizarían un conflicto —a veces real y muchas veces manipulado— de 21 meses. La camioneta responsable de la muerte de esos seres tan queridos pertenecía a alias José Echeverry, jefe de finanzas del grupo de paramilitares de la región, encabezado por alias Juancho Dique y conocido como "Héroes de los Montes de María". Las autoridades parecían ser mensajeros, guardaespaldas y cuidadores de esos "héroes", y representantes de la compañía de seguros del vehículo utilizaban múltiples estrategias para "dividir y conquistar" sin importarles la vida de Douglas, a quien no dudaban en convertir en su chivo expiatorio.

El desarrollo de los eventos no trajo sino sorpresas: la traición de doña Celia, viuda de don José y madre de Iván; la aparición de abogados "designados" por los paramilitares para representar a Douglas y su familia; el profundo conocimiento y protección que Douglas recibió de don Armando, respetado líder cívico-político de la región; una alianza inesperada entre Douglas y Alex, nuevo novio de la viuda Celia y extorsionista de los paramilitares; la duplicidad del abogado de la aseguradora que jugaba con los demás como fichas de ajedrez.

La crónica nos muestra un Douglas triste, un Douglas frustrado, un Douglas valiente, un Douglas arriesgado, un Douglas confiable, pero, sobre todo, un Douglas luchador, que no adopta las tácticas de sus opositores ni compromete sus principios. Douglas sale ganando cuando todo parece estar en su contra, debido a su inteligente evaluación de los contrincantes y las circunstancias, a pesar de que sus adversarios tenían la ventaja en número, fuerza, armas y atrevimiento.

Aunque el caso llegó a su conclusión en diciembre de 2006, Douglas ha madurado esta crónica durante los últimos diez años. Ha utilizado un estilo narrativo ameno y personal, acercándose a los hechos con la narración en primera persona y alejándose de ellos para examinarlos en tercera persona. El cambio resulta hábil y aumenta el interés de seguir la crónica hasta su final. En los diez años que han pasado desde la trágica muerte de Don José e Iván, Douglas ha madurado su estilo narrativo que tiene la fuerza de un participante-testigo. Sus adversarios han desaparecido porque fueron asesinados o encarcelados o, sencillamente, porque se fueron del país. Douglas permanece firme, y esa firmeza le ha servido para dejarnos un documento que cumple con múltiples propósitos, tanto históricos como personales. Esta lectora se lo agradece personalmente como cree que lo harán sus numerosos lectores futuros.

Margarita Sorock, PhD
Literatura y Lenguaje Hispánico
City University of New York, CUNY

UN ENCUENTRO FORTUITO

Con voz grave, acento campesino y tono muy pausado, Alexander Antonio Acevedo Torres, alias Alex, dijo: "¡Viejo Douglas, a mí sí me hubiera *dolío* haberlo *matao* a usted!". Nos habíamos encontrado casualmente en la población de Turbaco después de meses sin vernos. Este sujeto era uno de los lugartenientes de Alexis Mancilla García, alias Zambrano, comandante militar y jefe de sicarios del grupo paramilitar autodenominado "Héroes de los Montes de María".

El encuentro se dio a orillas de la vía Troncal de Occidente, justo a la entrada de la mencionada población, en un estadero cualquiera, adonde había llegado con mi suegro y mi hija para apaciguar un poco el sofocante calor del medio día. Nosotros, con una fría y escarchada cerveza, mientras que la niña disfrutaba de un helado que se escurría entre sus dedos y llegaba hasta su codo, desde donde se dejaba caer al piso en pesadas gotas.

A Turbaco llegamos en busca de unas gallinas criollas que quería preparadas en sancocho para el día domingo. Me hallaba de espaldas a la carretera buscando unas servilletas para limpiar los pegajosos brazos de la pequeña Valeria, cuando quien era mi suegro en aquel entonces, muy preocupado, me advirtió acerca de dos camionetas que, al divisarme, habían detenido su marcha y comenzado a dar vuelta para regresar hasta donde nos encontrábamos. Y en efecto, se habían regresado por mí.

Era Alex, quien se movilizaba con un pequeño ejército rumbo a Cartagena. La escena parecía sacada de la versión criolla de una película de gánsteres. Alex se bajó y se sentó en la misma mesa con nosotros, mientras que sus escoltas se ubicaron estratégicamente a los alrededores, asegurando la integridad de su protegido.

La absurda frase con que se inicia esta crónica, es pronunciada por alias Alex al finalizar el relato detallado que este le hizo a mi suegro, acerca de cómo y de qué manera habían planeado mi asesinato. Posando su áspera mano campesina sobre mi hombro, y con dejos de cariño identificables en su tono, repitió: "Viejo Douglas, de verdad que a mí sí me hubiera *dolío* haberlo *matao* a usted".

Con este encuentro fortuito en la población de Turbaco y con la incómoda sensación de riesgo que se siente por estar reunido con esta clase de sujetos, se daba por terminado un largo y angustioso periplo, enmarcado siempre de aventuras, intrigas y mucho peligro. Todas estas vivencias fueron la motivación central del presente relato. Saber que mi vida estuvo en manos de este grupo insurgente de extrema derecha, y haber sobrevivido para narrar lo sucedido, aún provoca el asombro de mis cercanos y familiares.

Para los no versados en el tema, estos grupos armados nacieron auspiciados y financiados por los ganaderos de las diferentes regiones de Colombia, con el fin de que los defendieran del constante asecho de la guerrilla. Pensaban que un ejército privado que les respondiera igualitariamente, en términos de barbarie e intimidación, los liberaría del acoso.

Pero la barbarie era prácticamente lo único que conservaban en estos tiempos. A Alexander Acevedo le habían encomendado la misión de asesinar a quien les narra esta historia. Sin embargo, mi astucia y una carencia absoluta de temor a la muerte, me permitieron salir airoso de todos los peligros que me tocó padecer por espacio de dos años.

—Viejo Alex, ¿y sabes qué es lo peor? —le respondí a la confesión hecha por el asesino arrepentido—. De haberse hecho realidad ese atentado, jamás hubieras sabido que yo era buena persona. Viejo Alex, ¿a cuántas otras buenas personas no habrás asesinado sin conocerlas?".

Así siempre he sido yo, frentero y directo cuando de manifestar mi sentir se trata. Creo que esta virtud, o defecto, fue la que, de alguna manera, me mantuvo con vida. A estos campesinos armados nadie se atrevía a hacerles reflexionar.

A mí, Douglas Iván Páez Sosa, una situación luctuosa me obligó a vivir, ya entrado en mis treinta y ocho años, una aventura intensa, donde las emociones siempre estuvieron al límite. Quien escribe estas líneas no es más que un simple hombre promedio, con una vida tranquila hasta ese momento. Se trata de un representante natural de esa estirpe espontánea y sincera de los nacidos en las costas del Caribe colombiano, cuyo raciocinio y don de la serenidad fueron la combinación perfecta que significó una gran ventaja ante sus adversarios, superiores a él en número y logística armamentista.

En las situaciones donde lo que está en riesgo es la vida misma, uno debe usar a su favor todo de cuanto se dispone. Y aunque no fue relevante, considero que si influyó mi apariencia física y mi manera de ser. Por ejemplo, yo siempre me he preocupado por caminar erguido en todos y cada uno de mis 1,84 metros de estatura. Hago ejercicio, lo cual se ha hecho notorio, pero no de esa forma exagerada y temeraria, sino simplemente me veo fuerte. Tengo el cabello liso de color negro, pero pintado en plata por la estela de canas que copan mis sienes y mi frente desde temprana edad, por lo que se puede asociar a cierta sabiduría. Del mismo modo, me he preocupado siempre por el buen uso de la palabra cultivándola con mucha lectura literaria y de actualidad. Digo lo que pienso, pero con respeto y buenas maneras, reflejándose en aceptación y liderazgo.

Los hechos aquí narrados tuvieron como escenarios: la ciudad de Cartagena de Indias, la población de María La Baja y el corregimiento de Malagana; todas, poblaciones del Caribe colombiano. La primera, ampliamente conocida por su importancia histórica y turística; y las otras dos, por ser zonas de gran aprovechamiento agrícola, donde sobresale últimamente el cultivo de la palma de aceite, que ha rezagado los cultivos de arroz y, en gran parte, la ganadería.

Desplazarse desde Cartagena hasta Malagana o María La Baja amerita recorrer un trayecto de 120 kilómetros aproximadamente. Es una carretera en buen estado, bordeada por una exuberante vegetación durante todo el trayecto. Las fincas ganaderas, los cultivos de palma y los extensos sembradíos de frutales —mango en su mayoría— hacen del viaje un deleite visual.

Eran las 5:20 p.m. del 16 de marzo del 2004 cuando mi vida se partió en un antes y un después. Muy a pesar de que el sol empezaba su descenso vespertino, todavía se sentía la humedad sofocante de finales de verano. Entonces recibí en mi celular la llamada que daría un vuelco total a mi vida cotidiana.

Los primeros sonidos era inentendibles. En medio de sollozos y lamentos, poco a poco una voz comenzaba a descifrarse. Era mi cuñado, Mario Angarita Arévalo, esposo de mi hermana Faride, informándome lo que para mí sería la peor noticia recibida hasta esa fecha. En un accidente automovilístico habían fallecido dos de mis seres más queridos: José Manuel Páez Buendía, padre amoroso de sesenta y nueve años y apoyo incondicional para sus hijos; e Iván José Páez Chacón, un hermoso joven de escasos catorce años que había llegado a nuestras vidas ya adultas, como muestra generosa del destino al brindarme, por fin, ese hermano que tanto anhelé en mi niñez, y esa especie de hijo varón que ya me había resignado a no tener.

Cuando recibí la fatal noticia, me hallaba en una oficina que tenía improvisada en el garaje de la casa de mis suegros en el barrio de Manga. Me encontraba hablando por celular con unos clientes de Panamá cuando escuché, en el trasfondo de la conversación, el inconfundible bip intermitente que anuncia otra llamada entrante. Como presagiando lo que estaba por suceder, colgué súbitamente a mis clientes y contesté.

—¿Qué me dices, Mario?... Por favor… ¡Cerciórate antes de dar semejante noticia! —le repliqué angustiado e incrédulo.

—Cuñado, *fallecieron…* su papá e Ivancho. Están muertos.

—¡Mario, por Dios!, ¿quién te lo dijo? —insistí.

Y Mario, ahogando cada palabra en un llanto desconsolado, en tono alto y desesperado me respondió:

—¡Cuñado, yo los estoy viendo! Están aquí tirados en la carretera.

Jamás había experimentado el sentimiento de duelo, y, para colmo de males, llegaba por partida doble. Quedé atónito, incrédulo, y, por un instante, me sentí perdido. Las últimas imágenes de mi padre y hermano se intercalaban en mi mente. Tenía esa extraña sensación de acabar de despertar de una pesadilla con la duda de si ya se está en la realidad. Sin pronunciar palabra alguna y sin avisar a nadie, salí presuroso a tomar mi auto e iniciar el largo recorrido hasta el lugar de los acontecimientos.

Fue un trayecto angustioso. El sitio quedaba a una hora y media de viaje e iba en completo silencio. Me acompañaba mi suegro, quien llegaba a casa justo en el instante en que salía a abordar mi auto, pero parecía ir solo. Mi mente divagaba y recordaba todas las vivencias infantiles con mi padre. Parecía una película en retroceso que giraba sin fin en mi cabeza. Recordé cómo, aferrado a los barrotes de la ventana de nuestra casa de la infancia, esperaba ansioso por su llegada al final de la tarde. Tendría escasos cinco años cuando, desbordando alegría, corría a su encuentro con mis manos alzadas, y, sin dejarlo bajar del auto, me arrojaba a sus brazos, donde aprovechaba para arrebatar de sus bolsillos las infaltables golosinas.

Recordaba cómo mi padre, sujetándome por las axilas, me alzaba hacia el cielo demarcando un semicírculo hasta lo máximo que el trayecto de sus brazos le permitía. Venía a mi mente la vívida imagen de su sonrisa, amplia y blanca, mientras yo, desde la cúspide de la alegría, lo contemplaba: sus ojos color miel conectados con los míos en algo más que una simple mirada. Era amoroso, consentidor y muy complaciente. En definitiva, y por no encontrar una expresión más honesta, debo decir que era un excelente padre.

También venían a mi mente los recuerdos y vivencias con mi pequeño hermano: sus muestras de afecto cada vez que, sin previo aviso, me presentaba en la finca de ellos; y su carrera presurosa que terminaba en un salto sobre mi humanidad y en un abrazo con brazos y piernas, muy a pesar de tener ya catorce años, 1,68 de estatura y 70 kilos de peso. Pensaba en los juegos, las conversaciones, los planes y anhelos de *Ivancho*, como todos en la familia lo llamábamos con cariño. Esta madeja de pensamientos irrumpía en mi mente de forma estrepitosa y doliente; tanto que, a veces, tratando de expulsarlos fuera de mí, apretaba los ojos y sacudía la cabeza de un lado a otro. Todo esto, mientras manejaba al lugar de los acontecimientos.

Mi padre nos crio en un hogar unido; y cimentado en las bases del respeto, el afecto y la disciplina. Fue una persona de carácter recio, nos reprendía cuando era necesario y nos incentivaba cuando era merecido. Era un tipo muy trabajador y, a diferencia de los "machos" prototipos de las costas colombianas, jamás tuvo hijos extramatrimoniales, ni ingería bebidas alcohólicas. Ivancho llegó a nuestras vidas después de muchos años de separado de mi madre, y en verdad que este nuevo miembro llenó de alegría a toda la familia.

Vivían en una pequeña finca ubicada en la vía que de Cartagena conduce a María La Baja, más exactamente a un kilómetro del sector conocido como La Y de El Vizo. En esta finca, Iván José y yo habíamos encontrado un excelente escenario para fabricar aventuras. Organizábamos excursiones de cacería en los patios traseros, internándonos en la tupida vegetación. Íbamos en procura de las torcazas de monte, unas palomas típicas de la región que disfrutábamos mucho por su sabor exquisito. Pero lo que en realidad hacía de ellas un manjar era la satisfacción expresada por el pequeño Ivancho, quien, al compartir su trofeo de caza con nosotros, se sentía proveedor y disfrutaba mucho cerciorándose de que todos comiéramos.

En la parte trasera de la finca, un arroyo pequeño, pero de generoso caudal, colindaba con la propiedad. Las aguas frescas y cristalinas provenientes de los sistemas de riego de la zona corrían suavemente, dejando ver entre sus transparencias pequeñas piedras multicolores. Era un verdadero placer poder compartir con mi pequeño hermano largas jornadas de baño en estas aguas, cuando el insoportable calor del verano nos acosaba.

En el kilómetro 12 de la vía que de El Vizo conduce a María La Baja, más propiamente en el corregimiento de San Pablo, fue donde ocurrió el accidente. Padre e hijo se movilizaban en una pequeña motocicleta, que el primero había adquirido para sus desplazamientos cercanos, cuando fueron embestidos, desde la parte trasera, por una camioneta marca Toyota de la serie Prado.

Al llegar al sitio de los sucesos, los cuerpos acababan de ser retirados. La única presencia de autoridad que había consistía en una patrulla de la Policía Nacional con tres de sus miembros, los cuales no daban razón alguna de lo acontecido. No hubo croquis vial del accidente. No había testigos ni autoridad competente que hiciera el levantamiento de los cuerpos. En fin, esta y otras omisiones que en un principio pasaron inadvertidas serían presagio de la difícil tarea que sobrevendría para esclarecer el suceso.

Los cuerpos habían sido trasladados al hospital de María La Baja, a donde llegué con el corazón hecho girones. Allí me encontré con la desgarradora escena de ver a los dos, uno al lado del otro, en sendas camillas. Fue aterrador ver a mi padre totalmente inerte con sus ojos color miel entreabiertos. Por primera vez en mi vida, no me decían nada.

Don José era un hombre de gran estatura y tez blanca, cabello liso, bien cuidado y teñido en su totalidad de reluciente plata (esta última, herencia indeleble en mi vida). Los sesenta y nueve años de mi padre eran indescifrables a simple vista, debido a su vitalidad y agilidad en cualquiera que fuese la tarea emprendida.

Me resultaba muy duro verlo allí tirado en la camilla. Tenía puestas unas sandalias de cuero, que mi hermana y yo siempre habíamos procurado suministrarle por ser su calzado preferido. Vestía una bermuda de *jean* que dejaba ver sus pálidas piernas, un cinturón café y una camisa a cuadros estilo leñador con mangas largas recogidas hasta los codos.

No había en su rostro, ni en su tórax, golpes o maltratos sufridos en el accidente. Daba la impresión de que se fuera a levantar en cualquier momento, mostrando en su rostro la satisfacción que lo acompañaba siempre, cuando salía victorioso de alguna hazaña o percance. Y yo, iluso, esperaba que sucediera.

Iván José, por su parte, parecía dormido. De su cabello desordenado, negro y liso, aún emanaba ese olor agradable que le dejaba el champú recién bañado. Su piel alba solo registraba raspaduras cerca de la frente y el pómulo. Vestía un pantalón corto azul oscuro y una camisa blanca manga corta, cuya estrechez hacia evidente el rápido crecimiento del joven. No se veían mayores laceraciones en su cuerpo, lo que hacía aún más difícil aceptar su fallecimiento. Era insoportable saber su partida de manera tan temprana y abrupta. Su voz aguda y su carcajada contagiosa ahora retumbaban en mi mente, haciendo de estos recuerdos una verdadera tortura. El dolor que sentí fue tan intenso que, dejándome caer de rodillas a sus pies, lloré sin consuelo.

Intrigado por un extraño bulto en uno de los bolsillos delanteros de mi hermano, se me dio por esculcar y extraje la cartera hecha en tela de *jean*, marca Totto, que yo le había regalado meses atrás; y en el interior de la misma, una pequeña y delgada libreta de anotaciones hecha por el propio niño, del mismo modo que yo le había enseñado. Esa era la magia que nos envolvía. Eran estas las cosas que compartíamos y que me comenzaban a atormentar ahora que sentía su ausencia definitiva.

Buscando un poco de soledad, salí del hospital y me ubiqué en una zona donde nadie me viera. Mi única compañía era un paquete de cigarrillos marca Piel Roja sin filtro recién comprado. Fue mi forma de evadir los comentarios y preguntas bien intencionadas, pero imprudentes, de conocidos y allegados.

A las 10:30 de la noche, las lúgubres y solitarias calles de María La Baja hacían parecer a este pueblo el escenario de una película en blanco y negro de Alfred Hitchcock. El alumbrado público, con su luz amarilla, titilaba en la cima de viejos postes de madera. Una luna menguante se asomaba tímidamente por encima de los tejados vetustos de casonas antiguas.

Caminé hasta una casa ubicada en diagonal, a una cuadra del centro asistencial. Ostentaba una terraza alta, que, en vez de baldosas, tenía un cuarteado piso de cemento pulido. Allí me senté, solo y en penumbra, como tratando de desaparecer de la trágica escena. Desde este lugar, podía ver perfectamente la puerta del hospital; sin embargo, mi presencia pasaba inadvertida. Mi mirada sólo se apartaba de esa puerta cuando, por el desespero, apoyaba mis codos sobre las rodillas y, agachando la cabeza, la sostenía entre mis manos.

Pasaron aproximadamente treinta minutos, hasta que observé desde lejos que a mi cuñado, Mario Angarita, lo abordaron cuatro hombres de piel oscura que se movilizaban en dos motos. Hablaron con él por escasos minutos y se marcharon pasando frente a mí. Noté cómo mi cuñado, muy afanado, giró su cabeza de un lado a otro esculcando entre las oscuras calles del desolado pueblo. Sabía que me buscaba, mas no hice nada para llamar su atención. Sin embargo, la incandescencia del cigarro que había permanecido encendido en mis labios me delata.

Mario me divisó y caminó hacia mí lentamente. Después de una breve conversación distractora, y, haciendo tiempo para encontrar las palabras correctas, me comentó que los tipos que acababan de hablarle le habían informado que el conductor de la camioneta involucrada en el accidente era José Benito Villareal Ramírez, alias José Echeverry. Nadie más y nadie menos que el jefe de finanzas de Juancho Dique, líder máximo del grupo paramilitar Héroes de los Montes de María. Ellos eran quienes operaban en los departamentos de Bolívar y Sucre, y parte del Atlántico, y nos recomendaban, a mi cuñado y a mí, manejar esta situación "con especial cuidado".

¡No lo podía creer! No acababa de asimilar la dolorosa pérdida cuando de manera simultánea tenía que lidiar con el temor que infundían estos delincuentes. Ya era demasiado.

EL SEPELIO

Los cuerpos fueron entregados pasadas las 2:00 am y, de inmediato, emprendimos viaje a la finca, última morada de mi padre. Íbamos: mi cuñado, Mario Angarita; mi hermana, Faride Páez; y Milfran Peralta, un visitador médico vecino de mi hermana, que también había logrado una estrecha amistad con mi recién fallecido padre. Fue Milfran quien transportó a Faride desde Cartagena hasta el lugar del accidente, y quien, con mi ayuda, se encargó de la preparación de los cadáveres asegurando su preservación hasta la hora del sepelio.

¡Sí! Y es que para colmo de males, en este olvidado pueblo no había personal idóneo para realizar la delicada tarea. Y me tocó a mí ayudar en la manipulación y alistamiento de los cadáveres. Fue allí, en esta penosa tarea, que sentí cómo mis seres queridos pasaban a ser simples objetos —incómodos, además— de los cuales había que deshacerse rápidamente.

A la finca llegamos rondando las 3:00 de la madrugada. Los ataúdes fueron facilitados por la única funeraria del pueblo, que abrió sus puertas tarde en la noche gracias al aprecio que sentía su propietario por mi padre. Como no había vehículos apropiados para esta tarea, el transporte de los ataúdes se realizó en la parte trasera de la camioneta de mi padre, una Dodge de color blanco, año 1971.

Fue un trayecto saturado de emociones. En esta misma camioneta yo había aprendido a manejar, treinta años atrás, enseñado por mi padre. Fue en este mismo auto que di mis primeros pasos como seductor, cuando ostentoso salía en ella a visitar a la pretendida del momento.

Conducir este vehículo era como hacer un viaje instantáneo al pasado. La cabina parecía congelada en el tiempo: los mismos colores, los mismos botones y los mismos adornos. El velocímetro, iluminado tenuemente desde el fondo, mostraba sus números salteados de veinte en veinte hasta el doscientos veinte. Y lo más asombroso: encima del espejo retrovisor y adherido al panel superior del techo, un pequeño portarretratos imantado, donde aparecía mi foto cuando era apenas un infante en edad escolar. Vestía una guayabera blanca, corbatín negro, cabello engominado y peinado a medio lado. Era la clásica foto antigua de carnet estudiantil. Mi padre siempre había usado este portarretratos en cada uno de sus autos, y esta camioneta no había sido la excepción.

Así supe que, hasta en sus últimos momentos, mi padre me había tenido presente. Ahora, treinta años después, me encontraba yo allí, solo y en medio de la madrugada, sumergido en la profundidad de mis recuerdos y manejando como un autómata, la camioneta de mi infancia. Pero esta vez lo hacía con la triste misión de acarrear los restos mortales de mis seres queridos.

Fue a mediados de 1999 que mi padre pudo cumplir su deseo de pasar sus últimos días en el campo. Lo que él nunca imaginó fue que, cinco años después, cumpliría su sueño al pie de la letra. La finca quedaba cerca del corregimiento de Malagana, más exactamente en el sector conocido como El Vizo, en el kilómetro 1 de la vía que conduce a María La Baja. Mi padre vivía en unión libre con una afrodescendiente, treinta años menor que él y de nombre Celia Chacón Rodríguez. Era una mujer de contextura gruesa y cintura estrecha, cabello corto y crespo, el cual lucía siempre alborotado por el viento y los quehaceres cotidianos del campo. No era muy alta de estatura, ni de facciones fileñas, pero poseía anchas caderas y abultadas nalgas, algo que siempre admiró mi padre.

Fue en esta misma finca que se llevó a cabo la velación de los cuerpos. Nos acompañó una inmensa cantidad de personas, en su mayoría desconocidos míos, pero quienes, al ver mis rasgos físicos, deducían enseguida que era yo el "Douglas" de quien don José orgullosamente siempre hablaba. Comenzaron a exponer incontables anécdotas y situaciones vividas con mi padre. A pesar del corto tiempo que llevaba de residir en este lugar, alcanzó reconocimiento y admiración en la zona por su manera espontánea de ser. Además, demostró su compromiso leal y enérgico cuando de defender una causa se trataba.

Cerca del mediodía salimos de la finca hacia la iglesia de Malagana, donde se llevaría a cabo la misa de difuntos. En el trayecto nos tocaba pasar por el colegio donde siempre había estudiado Iván José, colindante, desde su patio trasero, con la carretera Troncal de Occidente. Yo manejaba mi auto inmediatamente detrás de la camioneta que acarreaba los féretros. De repente, una muchedumbre apostada a la margen izquierda de la vía captó nuestra atención. Las siluetas de pequeños y adultos aglomerados comenzaron a ser evidentes a medida que nos acercábamos.

Eran los profesores, alumnos, directivos y empleados del plantel estudiantil en mención esperando que pasara el cortejo fúnebre. Los estudiantes lucían impecablemente ataviados con sus uniformes de diario. Los niños con camisas blancas de mangas cortas y pantalones de dril azul turquí; y las niñas, faldas largas y con pliegues del mismo color. Se encontraban formados por tamaño en orden ascendente hasta conformar tres filas, con los más pequeños al frente. En cada uno de los costados, y adyacentes a los niños, se repartían, en proporciones iguales, docentes, empleados y directivos de la institución, todos ellos, usando ropas grises, negras, o blancas en señal de duelo. Y todos, pero absolutamente todos, agitando pañuelos blancos en sus manos.

Era una imagen muy conmovedora. Resultaba difícil comprender tanto orden y sincronía tratándose de infantes. Sus rostros denotaban tristeza. El llanto espontáneo de muchos de los compañeritos de Iván José hacía que sus tiernos pechos, agitados y compungidos, parecieran explotar seguidamente en busca del aire que les faltaba; pero ni siquiera en estos momentos de pena sublime los chicos dejaban de agitar los pañuelos. Fue tan conmovedor y emotivo ver aquello, que provocó el llanto generalizado de quienes íbamos en la caravana.

La misa fue celebrada por un cura haitiano, párroco misionero y residente en la población desde hacía ya muchos años. La iglesia estaba abarrotada, y el calor del medio día hostigaba inclemente sobre los cuerpos desvelados y maltrechos de los dolientes. A mí en particular me pareció muy emotivo el sermón del sacerdote, muy a pesar de ser ajeno a toda práctica religiosa. Este sacerdote elogiaba, en perfecto español, la dedicación de mi difunto padre por su hijo menor. Recalcaba la inmensa sabiduría de Dios, al preferir llevárselos a ambos en vez de separarlos. Mi hermana y yo, trenzados en un abrazo, llorábamos desconsoladamente.

Terminada la misa, Salomón, un hombre gordo, moreno, de baja estatura y mediando los cuarenta años, había manifestado su deseo de hacer una última despedida a don José y a su hijo. Este señor, quien se ganaba la vida como armero independiente para el batallón número 12 de la Infantería de Marina, era muy cercano a mi padre. Para complacerlo, nos dirigimos en masa a su vivienda.

En la sala, Salomón y señora, habían dispuesto un altar fúnebre muy elaborado. En el centro, una enorme imagen del Sagrado Corazón de Jesús reposaba sobre una silla negra de madera. Debajo de esta, cuatro floreros blancos de porcelana lucían adornados con flores moradas. La sagrada imagen era custodiada, en cada uno de sus lados, por dos columnas doradas; y en la cima de estas, alumbraban, erguidos, sendos cirios blancos rodeados por cintas doradas a manera de espiral. Todo lucía muy solemne y daba cierto toque de distinción a la humilde sala. Era admirable presenciar el esmero de estas personas por alguien ajeno a su linaje.

Los ataúdes reposaban en medio de todo, ocupando gran parte de la estrecha sala. Fue aquí donde se llevó a cabo otro pequeño velatorio, el cual resultó más emotivo que el de la propia familia. Con rezos en coro, llantos teatrales y lamentos estridentes, despedían a los difuntos y nos consolaban a nosotros los dolientes, a la usanza de estos pueblos desde tiempos ancestrales. Me pareció un ritual más humano y sentido, comparado con la insensible costumbre nuestra de dejar a nuestros muertos depositados en las frías funerarias, apartados de sus hogares y familia, la última noche de cuerpo presente entre nosotros.

Eran las dos de la tarde. El sol descargaba todo su cegador resplandor sobre las polvorientas calles de Malagana. Además, la sofocación emanada por la multitud congregada en la estrecha casa de Salomón, hacía aún más insoportable la estancia. De esta casa, todos salimos para el cementerio en procesión.

El silencio era absoluto. Solo se escuchaba el múltiple golpeteo de los tacones cuando eran azotados sobre la tierra seca. Las mujeres, sudorosas, agitaban sus abanicos con desespero, y uno que otro lamento irrumpía de vez en cuando. El trayecto se hizo eterno, muy a pesar de ser solo tres cuadras. El pisotear de la multitud sobre las polvorientas calles hacía levantar una incipiente nube de polvo, que se pegaba a nuestros húmedos rostros, haciendo que la sensación térmica fuera aún más sofocante.

Ya en el cementerio y al pie de las bóvedas, las palabras improvisadas de un desconocido retumbaban en el campo santo. Era un señor ya entrado en años, de contextura delgada y cabello rubio; usaba lentes oscuros y estaba elegantemente vestido. Su aspecto y entonación denotaban ser del interior del país. Con voz entrecortada y sorprendente elocuencia, pronunció un sentido y espontáneo discurso, en el cual resaltaba la abnegada dedicación de don José a sus hijos.

Resultó muy duro ver meter los féretros dentro de las sepulturas. Mi hermana lloraba con más desconsuelo que la excompañera de mi difunto padre, muy a pesar de que esta, además de viuda, era la madre de la criatura que estaba ad portas del sepulcro. Yo por el contrario, me sentía perdido, seco, sin sentimiento alguno. Era como una estatua humana o un fantasma más del lúgubre cementerio.

Después del discurso del extraño, el silencio de la muchedumbre fue la constante. Lo único que se escuchaba era el rastrillar del palaustre revolviendo la mezcla de cemento, agua y arena. Esta era la banda sonora de la dantesca escena. Y todos, absolutamente todos, nos quedamos hasta que colocaron el último ladrillo que selló las tumbas.

COMIENZAN LOS PROBLEMAS

Pasada una semana, me citaron con los demás familiares a una reunión en las oficinas centrales de Seguros Dignity en Cartagena, la aseguradora de la camioneta que cometió el accidente. Al parecer, fue el mismo dueño de la camioneta quien dio información sobre nosotros a la aseguradora. Allí nos dijeron que la camioneta involucrada en el siniestro tenía una póliza y que ellos nos harían una oferta económica para compensar en algo la pérdida de nuestros seres queridos. Hicieron entrega de unos formatos que teníamos que tramitar y un listado de los documentos que debíamos anexar para demostrar nuestro parentesco con los occisos. Después había que regresar con la información completa para hablar de la indemnización.

Ya con toda la documentación preparada, hicieron cita nuevamente y nos reunimos con el abogado de la firma de seguros. A esta asistimos: mi hermana, Faride Ivone Páez Sosa; el esposo de ella, Mario Angarita Arévalo; y la mujer de mi padre, Celia Chacón Rodríguez. Nos hicieron seguir a una pequeña sala de reuniones y allí esperamos. El lugar no era nada acogedor, estaba amoblado con unas poltronas desvencijadas de madera y pintadas de color café, los asientos eran cojines cuadrados de cuerina negra, y, en los brazos, las poltronas mostraban evidentes rayones de bolígrafo. En las paredes, los trazos de humedad dibujan extraños mapas. En fin, la sala era tan poco acogedora como incómoda la situación de tener que hablar de dinero en términos de compensación por la pérdida de dos seres humanos.

Después de una espera de aproximadamente quince minutos, apareció un tipo cercano a los cuarenta años, bien vestido, de tez blanca y con un extraño peinado hacia adelante. Se presentó como Javier Corrales, abogado de la firma Seguros

Dignity y, sin muchas demoras ni rodeos, nos dijo que nuestro padre había sido una persona cercana a los setenta años y que el promedio de vida de un hombre en Colombia era de setenta y cinco años aproximadamente. Todo esto les permitía suponer, casi con certeza, que el señor estaba cerca al final de sus días. Otra serie de análisis absurdos y tablas comparativas, mostraban que Iván José, debido a que vivía en el campo, seguramente no habría podido estudiar profesión alguna y, por ende, su "valor" era insignificante. Este "análisis", sumado a la violencia de la región, las duras labores de la agricultura y la poca calidad de vida, no le permitirían mayor longevidad, y mucho menos con productividad económica significativa. En resumen, nos mostró a nuestros difuntos como mercancía de poco valor y poca durabilidad.

Me parecía mentira y me resistía a creer, muy a pesar de estar presente, lo que estaba escuchando. Semejante análisis mercantil de dos seres humanos donde nos explicaban su reducido valor comercial, y lo próxima que estaban sus fechas de vencimiento. En resumidas cuentas, este incómodo individuo, por decir lo menos, nos informaba que las vidas de mi padre y mi hermano tenían un costo aproximado de treinta y cinco millones de pesos; todo esto, sin el mínimo recato con los dolientes, y con la áspera frialdad propia de un comerciante en plena transacción.

Desde ese momento, supe que no sería nada fácil tratar con la aseguradora. Por eso, me puse como reto que, si les iban a poner precio a mis muertos, me encargaría de que fuera el más alto posible. Para mí, el trato inhumano que la compañía aseguradora nos había dado merecía un castigo, y la mejor forma de hacerlo era hiriéndoles donde más les dolía, es decir, arrebatándoles la mayor cantidad de dinero posible.

Pasado un tiempo, recibí la llamada de Celia. En esta me informó que, en la finca, había estado un abogado de parte de "Juancho Dique", el jefe paramilitar de la zona, quien quería reunirse con todos los deudos. Dejó la dirección y teléfono de su oficina para que le llamáramos. A los pocos días procedí a contactar al abogado, de nombre: Pedro López, alias Peter. Averiguando por él, me enteré de que este sujeto siempre se presentaba con orgullo como el abogado del paramilitar en mención.

Hablé con él por teléfono y acordamos una cita. A dicha cita solo asistimos mi hermana, su esposo y yo. La reunión se llevó a cabo en la oficina del abogado en el edificio Banco del Estado, en el centro de Cartagena. Llegamos puntuales y muy preocupados, ya que sabíamos de parte de quién nos venía a hablar este señor, pero jamás imaginamos lo intimidante que sería esta reunión.

No duramos mucho esperando hasta que hizo su aparición. Era un hombre de tez clara, mediana estatura y abdomen ligeramente abultado, que rondaba los treinta y dos años; lo que contrastaba con los tres escoltas morenos y altos que lo acompañaban. Saludó y entró con la secretaria a su despacho. Después de escasos minutos, nos hizo pasar.

Este individuo comenzó su introducción explicando que él era el abogado de "Juancho Dique", comandante del grupo paramilitar Héroes de los Montes de María, cuyo radio de acción abarcaba todo los departamentos de Bolívar, Sucre, parte del Atlántico y algo de Córdoba también. Siguió explicando que la persona que había ocasionado el accidente era José Benito Villareal Ramírez, alias Echeverry, jefe de finanzas del Bloque Central, y por ende, una persona muy importante dentro de la organización. También advirtió que este sujeto era sumamente violento, y que su interés (el de Peter) era solucionar lo más pronto posible este episodio con el fin de evitarnos inconvenientes con el tal Echeverry.

Peter también comentó que el señor Echeverry ya tenía dos investigaciones adicionales pendientes ante la Fiscalía General de la Nación: una por narcotráfico y otra por homicidio. A Peter le preocupaba que, si a todo esto le sumaban una tercera investigación, así fuese por homicidio involuntario, repercutiría negativamente en el señor Echeverry, lo que le molestaría sobre manera. Teniendo en cuenta todo lo anterior, la organización había decidido que fuese él, Pedro López, el abogado que nos representara a los deudos en el proceso contra Seguros Dignity. En compensación, nos reconocerían, al finiquitar el mismo proceso, la suma de cincuenta millones de pesos, independientemente de cualquiera que fuese el monto que reconociese la aseguradora.

En caso de que Douglas y familiares no aceptaran ser representados por el abogado López, sus jefes —"que no era ni médicos, ni abogados", según sus propias palabras— tenían maneras ya reconocidas de persuadirnos. Así que —continuó diciendo López—, lo único que nos esperaba en caso de no aceptar era la muerte de alguno de nosotros, para presionar a los demás familiares, quienes, atemorizados, terminarían accediendo a sus pretensiones.

Me parecía increíble lo que estaba escuchando. Además del dolor por la pérdida de mis familiares, y además del trato indolente y mercantil de la aseguradora ante un hecho luctuoso, teníamos que soportar amenazas tan directas y desproporcionadas por parte de un sujeto que, a simple vista, se le notaba la ambición y su descarado interés por arrebatar cualquiera que fuese la suma que, como indemnización, la aseguradora nos otorgara.

Me sentí aturdido y atemorizado. Con tal de salir pronto de esa oficina y ganar tiempo, nos comprometimos con el siniestro abogado. El compromiso consistía en entregarle un poder para que él nos representara legalmente en los procesos ante la Fiscalía y la aseguradora: todo esto, movidos por el temor y la angustia que sentíamos al estar en la oficina de este sujeto, quien además contaba con sus tres escoltas a solo una puerta de distancia.

Sacando valor no sé de dónde, y antes de abandonar el sitio, le exigí a este personaje una garantía por escrito que lo obligara a cancelar los cincuenta millones ofrecidos. Esto hizo enojar a "Peter", quien en forma grosera me informó que él era poseedor de varias propiedades en Cartagena, Sincelejo y otras más en la zona norte de la ciudad, más exactamente en La Boquilla, después de lo cual me increpó visiblemente molesto: "¿Es que usted piensa que yo me voy a robar cagados cincuenta millones de pesos? ¡No sea irrespetuoso!".

Yo, muy calmado, le respondí que me extrañaba su actitud agresiva, más aún siendo él abogado, y sabiendo que, en cuestiones legales, todo debe ser documentado, y cualquier acuerdo sentado por escrito. El tipo bajó el tono y respondió que no había ningún problema, y que, como su intención no era robarse el dinero, haría el documento-compromiso al día siguiente y lo dejaría con su secretaria.

Al día siguiente me acerqué al despacho de López, quien estaba ausente, pero en efecto había dejado el documento. Era un esperpento legal con sellos notariales simulando autenticidad. En él, se usaban términos rebuscados del derecho para describir una serie de compromisos a los cuales Peter se obligaba; pero también decía que, para hacer cumplir dichos compromisos, debían cumplirse unas condiciones totalmente inalcanzables. En pocas palabras, no era necesario ser abogado para darse cuenta de que el inservible documento ni obligaba ni comprometía legalmente al abogado Pedro López, confirmando mis sospechas de que este sujeto solo pretendía robarse la indemnización que la aseguradora otorgara. Este documento con apariencia de legalidad todavía lo conservo, y lo muestro, como prueba de esos tiempos difíciles y del vil atropello a que fui sometido en más de una ocasión.

Pasado un tiempo recibí la llamada del intimidante abogado, en la que me preguntaba por los poderes que habíamos prometido otorgarle a él. Yo había decidido no entregarle poder de representación a este sujeto, muy a pesar de saber lo peligroso que era. La única evasiva que se me ocurrió en ese momento fue comunicarle que la viuda de mi padre, y madre de mi hermano fallecido, vivía sola en la finca, y que no había podido venir a la ciudad de Cartagena a traer el respectivo documento, pero que en los próximos días se los haría llegar.

Cuatro días después volvió a llamarme alias Peter. En el más agresivo de los tonos, me informó que se me había acabado el plazo, que mi vida estaba en peligro, a menos de que esa misma tarde le entregara los documentos solicitados. No sé si fue el mismo dolor por mi duelo, o el inmenso fastidio de tener que soportar tantos abusos en tan poco tiempo, los que me hicieron reaccionar también de manera destemplada. Utilizando un tono igual de agresivo, le informé a Peter que bien podría hacer lo que le viniera en gana porque sus amenazas no me producían temor, y le cerré el teléfono.

Peter no apareció durante algún tiempo, y cuando lo hizo, fue por intermedio de uno de sus escoltas, con quien me mandó un ultimátum: o devolvía el documento que él me había entregado, y que según sus términos garantizaba el pago de los cincuenta millones acordados, o que mandara el poder firmado por todos para que él los representara. De lo contrario, la organización tomaría represalias contra mí y familia. La respuesta que le mandé con su mensajero, fue agresiva y desafiante. Le informé que nunca le iba a entregar el tan esperado poder y, peor aún, tampoco devolvería el documento que Peter había entregado como garantía, y que bien podrían ellos hacer lo que quisieran.

Esta conversación la tuve con el emisario de Peter a eso de las 10:00 a.m., y ese mismo día, finalizando la tarde y comenzando la noche, me llamó mi cuñado, Mario Angarita, bastante angustiado. Me informó que lo había llamado Peter y que este le acercó a un tipo, quien, con voz intimidadora y amenazante, le explicó que, si no obtenían los documentos solicitados lo más pronto posible, comenzarían a "darles piso" (que en el dialecto delincuencial significaba *asesinarnos*). Además, como ellos sabían que Mario administraba unas fincas en la zona donde ellos ejercían más influencia, comenzarían por él. Claro, semejante amenaza atemorizó a Mario de tal manera que se reflejaba en su voz.

Traté de calmar a mi cuñado pero noté el alto grado de intimidación en el que se encontraba, provocándome gran enojo. Le prometí a mi cuñado solucionar todo esto inmediatamente y apartarlo de la mira de Peter y sus secuaces. Inmediatamente, procedí a llamar a Peter sin obtener respuesta alguna. Insistí consecutivamente por espacio de una hora hasta que el abogado de Juancho Dique cobardemente apagó su celular.

Esa noche me reuní con unos compañeros de mi promoción universitaria y comenzamos a departir hasta bien entrada la madrugada. A las dos de la mañana y después de terminada la celebración, recordé el mal rato ocasionado por alias Peter a mi cuñado y decidí, a esa hora, llamarle. El celular repicó en dos ocasiones consecutivas y luego estaba apagado. Envalentonado por la ingesta etílica con mis amigos, sumado a la clara demostración de cobardía por Peter al rehusarse a atender mis llamadas, actué de una forma que jamás pensé sería capaz. Recordé que Peter siempre se hacía acompañar de otro abogado de apellido Villanueva, quien lo secundaba en todos sus consabidos actos delictivos, y decidí llamarlo. Eran ya las 2:30 de la madrugada pero Villanueva, evidentemente somnoliento, contestó. Procedí a decirle lo siguiente con el más agresivo de los tonos:

—Villanueva, sé exactamente qué hora es. Te llamo a ti porque lo he intentado con el cobarde de tu jefe desde temprano y nada que contesta. Dile a tu patrón que no se vaya a equivocar conmigo; que quien tiene los documentos que quiere y los cojones para hacerle frente soy yo; que los papeles jamás se los voy a devolver; que, si cree que amenazando a mi cuñado me va a doblegar, se equivoca. Dile que sea varón, que no está tratando con ningún imbécil. Si me entero de alguna otra amenaza, voy a su casa y se lo grito en su cara, porque ya sé del edificio medio huevo en el que vive aquí en el barrio de Manga. Dile que también sé dónde está ubicada la finca que tiene en Turbana y que se la arrebató al pobre campesino que le confió su proceso de sucesión, y que él, como buen delincuente que es, se la robó. También te agradezco que le comentes este tono tan *hijueputa* con el que te estoy hablando, para que le quede bien claro que él a mí no me intimida. ¿Okey?

—Sí, señor Douglas, yo mismo le hago saber todo esto —respondió Villanueva algo aturdido.

Pude comprobar que este Peter no era más que uno de esos bravucones oportunistas de momento, que gastan palabras en amenazas que lejos están de cumplir. Jamás volví a saber de él.

EL LUTO DE LA VIUDA

Mi padre siempre fue un hombre al que le gustaban los negocios. Al momento de su fallecimiento, dejó una pequeña finca, cuatro vacas lecheras con sus respectivos terneros y algo de dinero (no mucho en realidad, pero del cual obtenía lucro al prestarlo a los comerciantes del pueblo). Mi hermana Faride y yo decidimos, sin ningún reparo y como muestra de gratitud hacia la viuda, renunciar a cualquier derecho sobre los bienes arriba mencionados, incluyendo la camioneta Dodge que había acompañado a mi padre durante más de treinta años, y que hacía ya parte de su identidad.

Cuando mi padre murió, yo le adeudaba una importante suma de dinero, de la cual sólo él y yo teníamos conocimiento. Sin embargo, le informé a la ahora viuda acerca de esto, e inmediatamente procedí a pagárselo. De ninguna manera quería ver a esta señora desprotegida en lo material, ya que nadie podría llenar el gran vacío que le debían haber dejado las partidas intempestivas de su marido y de su único hijo. Me se sentía con el compromiso moral de administrar los bienes que había dejado mi padre, asegurando, de esta manera, un futuro digno a su última compañera.

Un día cualquiera llegué a la finca y, al notar la ausencia del ganado en el establo, le pregunté a Celia acerca de esto. Ella me informó que lo había entregado a un vecino, que le había ofrecido su tierra para pastarlo. Me pareció extraña esta decisión, ya que en la finca el pasto no era escaso. En todo caso, no le di mayor importancia.

Pero hubo otro hecho que me puso en alerta. A mi padre siempre le gustaron las armas y nos enseñó a convivir con ellas, haciéndonos siempre especial énfasis en lo cuidadoso que se debe ser con el manejo de las mismas. Tanto así que a mis diez años recibí, como regalo de cumpleaños, una carabina calibre 22 marca Remington. La usaba para mis faenas de cacería los fines de semana en las fincas aledañas a nuestra vivienda de la infancia. Jamás la familia tuvo un incidente que lamentar, gracias al excelente adiestramiento impartido por mi padre en el manejo de las mismas.

Don José, así llamaban a mi padre, casi siempre llevaba consigo, en la cintura, un revólver calibre 38, cañón largo reforzado, marca Ruger. Esta maravillosa pieza, hoy valorada por coleccionistas al tener ya treinta y cinco años de antigüedad, fue obtenida por recomendación especial de Carlos Méndez, capitán de fragatas de la Base Naval de Cadetes y gran amigo de mi padre. En 1978, el oficial comandó una de estas fragatas a Norte América, lo que le permitía traer, entre otros productos, un pequeño lote de armas de los Estados Unidos. Antes de zarpar en este viaje, el capitán Méndez ya les tenía destinatarios a ese cupo de armas: los miembros de un selecto grupo de ciudadanos allegados a la Armada. Sobra mencionar el excelente estado de este revólver a pesar de su antigüedad.

Aunque yo no había usado desde mi niñez arma alguna, le dije a Celia que, al no tener interés en algún otro de los bienes de mi padre, me gustaría conservar esta reliquia por el gran valor sentimental que me representaba. Ella aceptó el requerimiento rápidamente, advirtiéndome que debería esperar hasta la semana siguiente porque mi padre se la había prestado a un comerciante amigo antes de su fallecimiento. Abrí mis ojos lo máximo que mi expresión facial lo permitía. No podía creer lo que esta mujer trataba infructuosamente de convencerme. ¡Semejante desfachatez!

Mi padre jamás habría hecho algo tan absurdo. Él era una persona muy precavida y sabía que un arma legalmente amparada, como todas las suyas, son objetos personales, intransferibles y de alto cuidado. Jamás se prestan. Además, mi padre siempre se afanaba en recalcar que sólo por tres cosas en la vida lo podrían tildar de egoísta: por su mujer, por su arma y por su automóvil. Le manifesté a Celia mi contrariedad, ya que tenía la certeza de que esto que ella me estaba diciendo era mentira, y le di como plazo una semana para dicho revólver apareciese.

Muy molesto esperé la semana completa, y cumplido este plazo, regresé a la finca en busca del arma, Celia, sin más dilaciones y explicación alguna, me la entregó. A partir de ese extraño suceso, comencé a mirar con más atención y reserva sus actos. Esta nueva situación, unida a otras como la inexplicable ausencia del ganado, me alertaron acerca de esta otra Celia que se comenzaba a mostrar.

Pasado un tiempo, diligencias laborales me obligan a ausentarme de la ciudad por algo más de un mes. Sin embargo, no dejaban de llegar a mis oídos información preocupante acerca de la viuda. Faride, mi hermana, había sido contactada por Celia, quien muy preocupada le comentó que había notado un cambio en mi actitud hacia ella. Me catalogaba de frío y cortante. Mi hermana le comentó que yo era una persona buena, pero que era muy difícil de engañar y que me tenía muy disgustado el episodio del revólver, y peor aún, descubrir que ella me había mentido.

Mario, esposo de mi hermana, alertado por lo sucedido con el revólver comenzó a indagar por Celia con distintas personas del pueblo. No demoró mucho en enterarse de que esta mujer había comenzado una relación con uno de los paramilitares de la región, de nombre Alexander Acevedo Torres, alias Alex, sí, el mismo Alex dueño de la absurda frase con que inicia este escrito.

En ese tiempo, Alex era el encargado de cobrar las vacunas o extorsiones a los comerciantes y hacendados de la zona (por local, a los comerciantes; y por hectárea, a los ganaderos), a quienes se les exigían considerables sumas de dinero con el pretexto de protegerlos del actuar de la guerrilla, la cual tenía azotada la región con secuestros, asesinatos y desplazamientos. Sin embargo, lo que en realidad lograban ganaderos y comerciantes era cambiar de extorsionador.

Pero la información que realmente logró enojarme, fue saber que Alex y sus secuaces realizaban los cobros extorsivos en la camioneta de mi padre, hombre honrado y escrupuloso que jamás tuvo en vida problema legal alguno. Además, esta camioneta era uno de sus bienes más preciados, y para colmo de indignación, en este vehículo había hecho mis primeros kilómetros como conductor recién aprendido en mi ya lejana adolescencia.

También nos enteramos de que, a pesar de haber transcurrido apenas 8 meses de la desaparición de mi padre y hermano, Alex era el segundo novio de la viuda, pues ya había sostenido una relación anterior con el capataz de una finca vecina. Este novio anterior le había quitado a ella una considerable suma de dinero, arguyendo un supuesto negocio de mercancías traídas desde Venezuela. El sujeto viajó en procura de los artículos y jamás se supo de él; y por supuesto, del dinero tampoco. Comparando las fechas, y sabiendo que esta mujer no tenía ingresos suficientes ni constantes, fue fácil deducir que este dinero había sido el mismo que yo le había entregado seis meses atrás para saldar la vieja deuda que tenía con mi difunto padre. De haber sabido el uso que se le daría a ese dinero, jamás lo hubiera devuelto. Por primera vez, me reproché un actuar honesto. En otras palabras, sentí mancillada y utilizada de manera vil mi buena voluntad. Fue como si yo directamente le hubiera endosado una considerable suma de dinero al amante de la viuda de mi padre.

Después de un largo mes, regresé a Cartagena muy indignado al ver cómo, después de semejante tragedia, ni mi padre ni mi hermano habían merecido un corto tiempo de duelo. Me sentí enardecido de ver el manejo tan disipado que esta señora le había dado a lo que mi padre con tanto trabajo, dedicación y esmero había logrado. Ella mostraba ahora un repentino, o quizás reprimido, gusto por las bebidas alcohólicas, las cuales hacían parte, casi que diariamente, de su nueva vida. Ya era tan descarado su comportamiento que ocupaba las lenguas inquietas de las moradoras del pueblo.

Jamás, en mis treinta y siete años de existencia, vi a mi padre ebrio. Cuando se reunía con amigos, mientras ellos ingerían licor, él tranquilamente se sentaba a acompañarlos. Participaba de la velada contando anécdotas propias y ajenas con especial gracia, imponiéndole a cada palabra un encanto tan especial que siempre era bien recibido entre sus amigos, aunque fuera abstemio. Su ingesta etílica se limitaba a un tarro tamaño litro de helado sabor ron con pasas, su preferido, el cual degustaba por etapas y hacía guardar de vez en cuando en el refrigerador del establecimiento. Se le veía siempre muy atento a los gestos de sus contertulios, buscando en ellos los primeros indicios de beodez, lo que se convertía en su mejor pretexto para dar por terminada su participación en la velada, muy a pesar de la inútil insistencia de los contertulios por tratar de disuadir su temprana partida.

AL RESCATE DE LA CAMIONETA

A los dos días de estar en Cartagena, y muy alterado por el actual uso que se le estaba dando a la camioneta de mí padre, decidí viajar hasta la finca en busca de ella. El vehículo había sido fiel compañero de mi padre durante más de treinta años, y por eso se me había hecho indispensable evitar que las nuevas amistades de la viuda lo siguieran usando para sus cobros extorsivos. Yo sabía que en la finca permanecían hombres armados de las Autodefensas Unidas de Colombia, y que ellos, al mando de Alex, disponían de la finca y de la camioneta. Teniendo esto presente, pero sin razonar, decidí ir a enfrentarlos solo, acompañado únicamente por mi valor y el viejo revólver calibre 38, herencia de mi padre.

Sin importar el riesgo que significaba enfrentar a Alex y sus secuaces, salí a su encuentro muy a pesar de la desigualdad que estaba seguro que encontraría, tanto en número de hombres, calibre y alcance de armas, como en disposición inmisericorde de estos forajidos para usarlas. Frustrado por tantos abusos y situaciones incómodas a las que había sido sometido desde el fallecimiento de mi padre, decidí actuar para tratar de frenar un deterioro mayor. La finca, una vez lugar apacible de encuentros familiares, se había convertido en una guarida de delincuentes.

Contacté a mi cuñado Mario y le conté mi poco astuto plan de rescate. Como debía manejar la camioneta de regreso hasta Cartagena, necesitaba que él autorizara dejar mi auto estacionado en una de las fincas que administraba. De allí, abordaría yo solo un autobús hasta la finca. Mario era el único enterado de la incursión. Valga la pena aclarar que él estaba en total desacuerdo con la misma.

Llegado el día señalado, con todo listo y en mi auto rumbo hacía la finca, recibí una llamada en mi celular. Era Armando Marriaga Beltrán, ganadero de oficio y natural de María La Baja. Nos habíamos conocido en una situación incómoda, pocos meses atrás, cuando Armando cobraba un dinero a un conocido mío, producto de la liquidación de un ganado, el cual mi conocido vacilaba en cancelar. Se trataba de una persona influyente en la zona, con la que había logrado una estrecha amistad a pesar del poco tiempo de tener relacionándonos.

Armando, de cuarenta y dos años, alto de estatura y tez morena, se había hecho acreedor del reconocimiento de su pueblo por ser uno de los pocos hacendados con el coraje suficiente para enfrentarse, en más de una ocasión, a la guerrilla. Estos, algunos años atrás, habían asesinado a su padre en la puerta de su casa, ubicada frente a la Alcaldía y en plena plaza de María La Baja. Fue un fallido intento de secuestro. Llegaron por el señor una tarde cualquiera, y este, en una decisión temeraria y valerosa, procedió a defenderse dándoles gran pelea a los insurgentes, a pesar de estar armados y en ventaja numérica. Los guerrilleros, al ver la oposición de su víctima, y preocupados por llamar demasiado la atención de los habitantes del pueblo, decidieron asesinarlo en total indefensión, con el único objetivo de poner este homicidio como ejemplo de lo que le podría pasarles a quienes se resistieran.

La voz de Armando sonaba con alegría desde el otro lado del teléfono, alegría que no fue correspondida. Preocupado por mi actitud, me preguntó si me inquietaba algo, o peor aún, si su llamada era impertinente. Le aclaré que mi estado de ánimo no tenía nada que ver con él, que, por el contario, me agradaba escucharle. Le expliqué mi indignación tras la serie de acontecimientos vividos desde la desaparición de mi padre, y procedí a narrarle todo lo sucedido con la viuda, aseguradora, paramilitares y demás. Además, le comenté la actual misión que me había impuesto. También le dije que justo en ese momento me dirigía a El Vizo a buscar la camioneta de mi padre. Armando, muy preocupado por conocer perfectamente a quienes me iba a enfrentar, me pidió que detuviera el auto para que atendiera lo que él tenía que decirme. Intrigado, me estacioné a un lado de la vía y procedí a escuchar.

Con mucha seriedad y tono de advertencia, Armando me comentó que él estaba absolutamente convencido de que si no desistía de lo que estaba por hacer, sería asesinado. Él conocía muy bien quiénes eran los delincuentes que enfrentaría. Además, el ejército ya le había comentado a él acerca de lo que estaba sucediendo en nuestra finca desde el fallecimiento de mi padre. Armando, quien en ese momento se encontraba en la ciudad de Miami, me informó que llegaría a Cartagena en dos días y que, si lo iba a recoger al aeropuerto, él se comprometía a acompañarme a "buscar la dichosa camioneta".

No muy contento, me dejé persuadir. Acepté la sugerencia no sin antes soltar una carcajada cuando Armando me comentó en forma jocosa lo siguiente: "Viejo Douglas, me he comprado unas botas americanas con punta reforzada en acero, lo más de bonitas. Será para mí un gran placer estrenarlas pateando los traseros de esos *hijueputas* delincuentes". Y fue de esta manera como afortunadamente pospuse la ida. Hoy en día, estoy convencido, que esa llamada de Armando, a último momento, me salvó la vida.

El domingo 10 de julio del 2005, a las 2:00 p.m., fui a recoger a Armando Marriaga al aeropuerto de Cartagena, como habíamos acordado. De allí nos dirigimos al apartamento de él poseía en el edificio "Los Cedros", del barrio de Manga. Armando comenzó a desempacar su equipaje, y le pidió a uno de sus hijos que por favor nos sirviera un par de tragos Old Parr dieciocho años y "recién traído de las Miamis". Este trago es muy afamado entre nosotros los costeños por dar a la garganta ese toque inspirador que incentiva a interminables tertulias y parrandas. Es este mismo licor escocés el que motiva a los juglares de la Costa Caribe, incitándolos a ponerles música y ritmo a sus anécdotas, vivencias o inspiraciones.

Entre risas e historias, y después de dos horas de compartir, los efectos del licor provocaron que me sincerara con Armando. Le comenté todos y cada uno de los inconvenientes vividos a raíz de los hechos acaecidos aquella fatídica tarde del 16 de marzo del 2004, donde no solo perdí a mis dos seres amados, sino también la tranquilidad que siempre me había acompañado. Llorando de rabia e impotencia, reflexioné con Armando acerca de lo absurdo que me resultaba tener que lidiar, no sólo con mi duelo, sino también con las amenazas y atropellos a los que había sido sometido últimamente. La narración fue tan emotiva y detallada que, desde ese día, Armando se sintió involucrando y tomó mi causa como propia.

El miércoles siguiente, Mario Angarita, Armando Marriaga, dos soldados vestidos de civil, y yo nos dirigimos hacia El Vizo en busca de la camioneta. No íbamos con las manos vacías. Armando, respetado y apoyado por las fuerzas militares por la forma en que este les colaboraba desde el asesinato de su padre, es poseedor de una extensa colección de armas, amparadas legalmente (para porte, unas; y tenencia, otras). Ese día, decidió que para tal misión llevaría:

dos escopetas calibre 12 de repetición (o pajizas, como se les conoce popularmente), un rifle punto 30, una pistola 9 milímetros, un revólver Mágnum 45, y un revólver calibre 38. Procedió a repartir la dotación entre los asistentes, menos mi cuñado, quien sólo iría como conductor elegido para manejar la camioneta de regreso a Cartagena.

Irrumpimos en la finca temprano en la mañana. Apenas comenzaban a notarse los primeros asomos de la claridad matutina. De la puerta metálica, ubicada en la entrada principal de la finca, hasta la casa, había aproximadamente 100 metros de distancia. Este recorrido debía hacerse con mucho sigilo.

Introdujimos el auto aplicando la marcha mínima para evitar ser delatados por el ruido. Una fugaz bruma se alcanzaba a notar por los cultivos de plátano ubicados a ambos lados del camino. Se escuchaba el trinar estridente de los pájaros enjaulados, que mi padre cuidaba con especial esmero. Durante un instante, mi mente se distrajo por los recuerdos que inevitablemente afloraron.

Detuve el auto debajo de un inmenso árbol de mango sembrado a un costado de la casa y a pocos metros de la puerta. En ese árbol, el pequeño Iván José y yo habíamos improvisado una cabaña entre sus ramas, a la que subíamos cuando queríamos pasar gratos momentos juntos. Era triste evocar aquellos momentos de esparcimiento en la finca de mi padre, sobre todo cuando el motivo actual de retorno no era nada grato.

Los dos soldados que nos acompañaban, se apostaron estratégicamente a lado y lado de la entrada. Armando, muy cerca de mí, resguardaba mi espalda. Abrí la puerta usando como llave una estrepitosa patada y entré a la casa tomando a todos por sorpresa. Se encontraban en ella: Celia, un hermano de esta y seis sujetos más de mal aspecto. Varias botellas de cervezas regadas por el lugar, evidenciaban que en la noche anterior habían estado ingiriendo licor. El hermano de la viuda había convivido un corto tiempo con mi padre y ella, hasta cuando a mi viejo le tocó echarlo de sus tierras al notar que se había involucrado con personas de dudosa reputación. De los otros sujetos, Celia no supo dar explicación del por qué pernoctaban allí.

Exigí me fueran entregadas las llaves de la camioneta y se las arrojé a Mario, ordenándole salir inmediatamente de regreso a Cartagena. Ninguno ofreció resistencia. La simple lógica me indicaba que en situaciones peligrosas el tiempo apremia. Armando y sus hombres, ubicados todos en puntos estratégicos, permanecían vigilantes de todo.

Pregunté por Alex en tono agresivo. Mi mente era hostigada por la imagen de este tipo disponiendo de la finca y camioneta de mi padre para actividades delictivas. Don José, quien jamás tuvo tacha alguna, ahora andaba de boca en boca después de muerto. Esto era lo que más me enardecía y quería castigarle a este sujeto su osadía.

Todos guardaron silencio. Pregunté una vez más, pero el silencio siguió siendo la constante, por lo que procedí entonces a buscarlo personalmente por toda la casa. Entré a los cuartos y revisé en los closets. Miré debajo de las camas. Busqué en el patio trasero. Volqué unos tanques grandes de almacenamiento de agua en busca del siniestro personaje. Quería mostrarle físicamente, mi enojo. Divisé en uno de los costados de la casa una escalera apoyada al techo, desenfundé mi arma y comencé el ascenso de la misma convencido que era allí donde se encontraba Alex. Subí con mucho sigilo y algo encorvado, con mi arma empuñada y hacia adelante, lista para ser accionada en caso de que Alex intentase atacarme, pero no, afortunadamente no estaba en el techo tampoco.

Me dirigí a una alberca ubicada debajo de unos árboles de tamarindo, utilizada como bebedero de los animales. Me acerqué sigilosamente y muy alerta, pues sabía la peligrosidad de este individuo. Todo fue inútil. No había ninguna evidencia de la presencia de este delincuente en la propiedad. Lo que no sabía, en ese momento de ofuscación, era que, la ausencia de Alex en la finca ese día me sería de gran utilidad en el futuro.

Me sentí ajeno en mi propia finca. Al salir tenía muy claro que esta ya no era aquel destino de sosiego, al cual íbamos de paseo casi todos los fines de semana a disfrutar en familia. Ya no era ese lugar inspirador y reconfortante donde volvía a ser un niño y gastaba mi tiempo jugando en compañía mi hija y pequeño hermano. Me marché con el mismo ímpetu con el que había arribado, dejando atrás a una Celia preocupada e inquieta. Ella no conocía a este nuevo Douglas, capaz y valiente, que había llegado a desafiar al grupo de delincuentes con los que ella se había involucrado, y bajo cuya tutela se había sentido segura hasta ese momento.

LA ESTRATEGIA

Ya de regreso en Cartagena, mientras cavilaba acerca de los acontecimientos vividos en la incursión por la camioneta, analicé con profundo detalle todo lo acaecido hasta ese momento, e identifiqué a quienes serían mis dos grandes oponentes.

Por un lado, estaba Seguros Dignity, empeñada en tratar a los seres humanos como mercancías y tazarles su valor en lo menos posible para disminuir el monto de las indemnizaciones. Para mí significaba una actividad despreciable, pero al menos con ellos las cosas se arreglarían en los estrados judiciales.

Por el otro lado, figuraban los paramilitares. Como lo expresé anteriormente, se trata de asesinos a sueldo que justifican sus homicidios amparándose en una supuesta protección de las comunidades campesinas y ganaderas del acoso de la guerrilla. En sus inicios, fueron apoyados económicamente por los ganaderos, agricultores y hacendados en general, quienes, cansados de la ausencia del Estado y la poca efectividad de las Fuerzas Militares de Colombia, vieron en estos ejércitos privados un factor de defensa que podía darle a la guerrilla una pelea de igual a igual.

En un principio funcionó, pero luego estos servicios de vigilancia privada tomaron vida propia, muchas veces con acciones en contra de sus mismos auspiciadores. Estos "defensores" comenzaron a negociar con narcotraficantes y a obtener exuberantes ganancias, con las cuales se hicieron a armas de alto calibre. Lo que en un inicio fue una solución, se convirtió en otro problema generador de violencia y terror.

Comenzaron a extorsionar a los propietarios de pequeñas fincas, e incluso, los obligaban a vender sus tierras al precio que ellos impusieran. Cuando encontraban resistencia por parte de algunos propietarios, utilizaban el homicidio o la desaparición forzosa para conseguir la venta del bien pretendido. Era común escucharles decir: "Propietario que no venda, con la viuda se negocia más rápido".

Este grupo armado era mi real preocupación, bien sabía que con ellos lo que estaba en juego no era un litigio jurídico sino la vida misma. A raíz de las amenazas de Peter y sus secuaces a Mario, hice una reunión con la familia en la que les informé que me encargaría yo solo del manejo de todo lo relacionado con el caso de mi padre y mi hermano. Sería yo, y únicamente yo, quien trataría con la aseguradora y con los *paracos*. Así, estos solo me verían a mí como opositor, y, por ende, no comprometería la seguridad del resto de la familia.

Hablé con mi suegro, Carlos Figueroa Buelvas, quien es abogado, para que se encargara de representarnos en todas las diligencias legales. Él comenzó las labores ante la Fiscalía presentando una demanda por homicidio culposo contra los propietarios del vehículo causante del siniestro, con el fin de lograr una investigación exhaustiva que esclareciera los hechos circunstanciales que ocasionaron el accidente y determinar responsables. Yo sabía que los propietarios de la camioneta, al ver que los dolientes estábamos gestionando un proceso judicial contra ellos, presionarían a la aseguradora para lograr una conciliación con nosotros antes de un veredicto.

Estos serían mis dos flancos de lucha. Con la aseguradora el ganar sería desquitarme en algo del mal trato recibido en el peor momento de mi vida; mientras que con los paramilitares, el ganar sería cuestión de supervivencia.

UNA LLAMADA INQUIETANTE

Era un medio día cualquiera, de esos comunes en la costa Caribe colombiana, en los que el calor inmisericorde, acentuado por una humedad del 90 %, afecta drásticamente el organismo, a tal punto que provoca una sudoración constante y pegajosa. Aquí el simple proceso digestivo por la reciente ingesta de alimento estimula tanto las glándulas sudoríparas que pareciera que se estuviese haciendo parte de una maratón. Y como si esto no fuera suficiente, la incandescencia del pertinaz sol, se extiende y te persigue inclemente, hiriendo tus ojos, muy a pesar de estar bajo sombra y a varios metros de puerta o ventana alguna.

Así pues, me encontraba recostado en una mecedora, reposando el almuerzo y en espera del noticiero del medio día, cuando sonó mi celular y se escuchó al otro lado de la línea una voz de hombre que pregunta por mí. Era Alexis Mancilla García, alias Zambrano, quien, después de identificarse, me comentó que necesita hablar conmigo y me citó a una reunión. Se efectuaría en La Haya, un caserío incrustado en los Montes de María, cuya entrada se hace por San Juan Nepomuceno (Bolívar), y se llega a él después de una larga travesía entre montañas y agreste vegetación.

La voz de Zambrano denotaba una persona de escasa educación. Utilizaba un acento intimidante con el cual, en vez de una conversación fluida, lo que se percibía era una serie de órdenes impartidas. Comencé a digerir lo más rápido posible todo lo que estaba oyendo, y en forma segura y contundente le respondí que no me desplazaría hasta los Montes de María. Le sugerí acordar una reunión en alguna población intermedia y cercana para ambos, propuesta que para nada le agradó a este señor. Zambrano se tornó iracundo y, en forma destemplada, gritó: "¡Aaaah… ¿no va a venir?... ¡No se preocupe, *hijueputa*, yo lo mando a recoger!", y colgó la llamada. Me quedé de una sola pieza y muy preocupado.

Tomé enseguida mi celular y me comuniqué con Armando Marriaga. Después de un cordial saludo, Armando, sin dejarme hablar más, me pidió que llegara a un restaurante del Centro Amurallado de Cartagena para acompañarlo en un almuerzo que él estaba llevando a cabo con otros ganaderos de la región con el fin de definir a quien apoyar en las próximas elecciones locales de María La Baja. Esta invitación facilitaría mi conversación con Armando, pues estaba indeciso de cómo comunicarle lo de mi reciente conversación con Zambrano, ya que hacía tiempo no hablábamos y me incomodaba que él fuera a pensar que yo sólo le buscaba en momentos difíciles.

Acudí al restaurante y encontré a Armando sentado junto a dos hombres de mediana edad y de tez oscura. A uno de ellos, un sujeto bastante alto, grueso y con aspecto cordial, de nombre Víctor Puello, Armando me lo presentó como "el futuro alcalde de María La Baja". El otro era un hombre de mediana estatura y aspecto campechano, que lucía esas típicas camisas hawaianas. Al cabo de dos horas, durante las cuales almorzamos y tertuliamos, entre otras cosas, sobre la política local de María La Baja y las estrategias a seguir para lograr la anhelada alcaldía, los amigos de Armando se despidieron y emprendieron regreso a su pueblo.

Aprovechando que por fin quedamos solos, le pregunté a Armando si sabía quién era un tal Zambrano. Armando me respondió con otra pregunta dejando asomar una sonrisa simulada y pícara: "¿Qué te pasó con Zambrano?". Le comenté acerca de la llamada que había recibido de él y la amenaza que este me dejó como despedida. Armando, en forma pausada y serena, me hizo saber la importancia de este sujeto dentro del grupo paramilitar. Se trataba del jefe militar, y por ende, el único responsable de la coordinación y manejo de los sicarios en sus ya bien sabidas y repudiabas acciones.

Como Armando conocía muy bien a Zambrano desde la infancia, prometió interceder para que me dejaran tranquilo. Sin embargo, me comentó: "Amigo Douglas, estate muy atento a cualquier moto que se te acerque cuando vengas en el auto. Trata de andar en sitios concurridos y, ante todo, mucho cuidado en los desplazamientos. De seguro la orden de tu homicidio ya fue impartida. Es más, viejo Douglas —continuó Armando, dejando notar en su voz algo de preocupación—, pasado mañana voy para María La Baja. Acompáñame y hago lo posible para que tú mismo hables con Zambrano".

Me intimidaba un poco la ida a María La Baja, mucho más sabiendo lo peligroso e importante que era Zambrano para la organización delictiva. Tener que ir precisamente al territorio donde ellos ejercen absoluto dominio era bastante arriesgado; pero, cavilando con más detenimiento, pensé que esta ida la podría usar a mi favor. Sabía que iría acompañado por alguien respetado e importante en la región.

Supuse también que el hecho de atreverme a ir sería desconcertante para Zambrano y sus secuaces. Se sentirían asombrados al saber que la persona que acaban de ordenar asesinar se había desplazado desafiante a su patio. Quizás esto sembraría en ellos la duda acerca de quién podría ser yo y darme algo más de tiempo. En María La Baja este grupo ilegal ejercía total dominio. Operaban en combinación con la Policía y hacían elegir alcaldes. Estaba un poco intimidado, pero prefería ir y afrontar el peligro antes que tener que andar escondido y en zozobra constante.

Años después y cuando todos estos episodios de mi vida ya eran cosa del pasado, me enteré por boca de uno de los mismos lugartenientes de Zambrano que, si hubiera ido a cumplir aquella cita en La Haya, jamás habría regresado de la misma, ni siquiera mi cuerpo habría aparecido.

Armando y yo nos desplazamos a María La Baja. Me di

cuenta que en esos días solo dos cosas ocupaban la atención de sus habitantes: las próximas elecciones municipales y la desmovilización de los paramilitares de la zona. Dicha desmovilización estaba próxima a ocurrir en el corregimiento de San Pablo, jurisdicción de María La Baja, el 14 de julio del año 2005.

Llegamos a María La Baja a eso de las 12:45 p.m. Yo ya conocía el pueblo por haber ido en ocasiones anteriores con mi padre y mi hermano. Apenas salí del auto, el sol me mostró todo su esplendor y me hizo sudar a borbotones. Nos detuvimos en la entrada del pueblo, a escasos metros de un inmenso tanque elevado, el cual servía como reservorio de agua para el acueducto; y al lado de este tanque, Armando estaba transformando una inmensa casa vieja, propiedad de su familia, en modernos locales comerciales. Nos detuvimos un instante para que Armando impartiera algunas instrucciones y enseguida nos dirigimos a almorzar.

En María La Baja, los restaurantes son escasos y bastante rústicos. Almorzamos viuda de bocachico, plato típico de la región, que elijo siempre que voy por esos lares. Una vez terminado el almuerzo a eso de las 4 de la tarde y estando nuevamente en los locales de Armando, llegó un hombre mayor, caucásico y de buena apariencia, en una moto azul de bajo cilindraje. Después de la presentación y el cordial saludo, este le preguntó a Armando si le podía conceder unos minutos a solas. Se retiraron a pocos metros y conversaron por escasos minutos debajo de un frondoso árbol de tamarindo.

Luego, el hombre se marchó y se despidió de mí al pasar a mi lado. Cuando Armando regresó adonde yo estaba, me comentó: "Este señor es propietario de uno de los establecimientos de comercio más grandes del pueblo y… ¿sabes qué quería?". A lo que le respondí inmediatamente:

"Seguro alguna razón de Zambrano". "Correcto, *mijo*, correcto", me respondió Armando. "Me vino a traer el número celular de Zambrano para que lo llame, que necesita hablar conmigo urgentemente". "Listo, llamémosle enseguida", comenté presuroso y con mi celular en la mano; pero Armando enseguida me refutó: "Viejo Douglas, a estos delincuentes hay que hacerlos esperar. Yo sé muy bien por qué se lo digo. No se preocupe, yo le marco luego".

Dos horas después, nos dirigimos a un local donde funcionaba una ferretería grande que le suministraba los materiales de construcción a Armando. Iba a cuadrar cuentas y saldar facturas. Cuando aparcamos en la entrada del sitio, dos muchachos morenos en una moto roja le pidieron a Armando que se acercara a ellos. Él los conocía, de modo que se les aproximó sin prisa. Traían el mismo recado: "Don Armando, Zambrano quiere hablarle". Armando les comentó que había intentado comunicarse al número que le dieron y nadie había respondió, que luego lo volvería a intentar. Sólo cuando ellos abandonaron el lugar fue que intentó comunicarse por primera vez con él, y, como presagiando lo dicho, la llamada no se pudo lograr.

Al finalizar la tarde y comenzando la noche, llegamos a la casa de Armando. Procedimos a ducharnos y cambiar nuestras sudadas ropas. A las 8:00 p.m., salimos en busca de un lugar donde cenar. Llegamos al único restaurante que estaba abierto a esa hora. Cuando estábamos ordenando, se nos acercó uno de los jóvenes morenos que en horas de la tarde habían abordado a Armando y pidió hablar a solas con él. Yo inmediatamente supe de qué se trataba, y esperé ansioso el regreso de Armando para confirmar mis sospechas. "Carajo este Zambrano está desesperado por hablar conmigo, viejo Douglas. No será que ese *man* es marica y le gustan sus canas", dijo jocosamente Armando. Semejante comentario tan inaudito provocó mi hilaridad y me distrajo un poco de mi natural preocupación.

Después de cenar, Armando recodó que debía contactar a un sobrino que cuidaba un colegio ubicado en las afueras del pueblo. Este chico era quien le conseguía pequeños lotes de ganado a buen precio. Eran las 9:30 p.m., pero la soledad y poca iluminación de este pueblo hacía parecer que fuera de madrugada. Para llegar al sitio debíamos recorrer un largo trayecto en medio de la noche y por una carretera destapada. La oscuridad era lo predominante y las farolas del auto eran lo único luminoso en la espesa noche.

Cuando estábamos por llegar a la escuela, justo en el momento que Armando extendió su largo brazo para indicarme el portón por donde debíamos entrar, divisé, por el retrovisor de mi auto, la presencia de dos motos que, zigzagueantes, se acercaban hacia nosotros. Con preocupación, se lo advertí a Armando.

Ambos desenfundamos nuestras armas, pero mi amigo, presuroso, me advirtió: "Concéntrese en manejar, su arma en este momento es el auto". También me ordenó apresurar la marcha para lograr entrar hasta los patios del colegio. Yo, que he conducido autos desde los nueve años, en una maniobra similar a las cinematográficas, aceleré a fondo y pasé raudo por el estrecho portón de la entrada escolar. Menos mal estaba abierto porque, de lo contrario, me hubiera tocado derribarlo.

Justo cuando parecía que chocaríamos de frente contra la edificación, accioné el freno de mano y, simultáneamente, giré el timón a la izquierda hasta el tope de un solo jalón. Esto provocó que el Nissan Sentra, con motor turbo de 1.6 litros, derrapara sobre su propio eje 180 grados, de tal manera que quedamos de frente a las dos motos que nos seguían.

Los motociclistas, bastante sorprendidos, detuvieron abruptamente la marcha. Pasaron escasos segundos hasta que vimos a uno de ellos descender de su moto y acercarse enseñando sus manos abiertas. Al reconocerlo, Armando me dijo que todo estaba bien. Era uno de los muchachos que anteriormente nos habían abordado en el restaurante. Se acercó y le informó a Armando que Zambrano seguía en espera de su llamada. Armando, muy enojado, le gritó al ya nervioso chico: "¡*Nojoda*!, ¿y cuál es la *maricada* de Zambrano? Estoy llamando al puto número que ustedes me dan y no contesta. Ven, llama tú mismo desde mi celular *pa* que veas", arrojándole el celular al muchacho a sus manos.

El chico remarcó pero tampoco le contestaron. Lo intentó una vez más y el resultado siguió siendo el mismo. Le devolvió el celular a Armando y le comentó que informaría a su comandante lo sucedido. Armando tomó el primer papel que encontró en su billetera, anotó su número celular y, agarrando firmemente una mano del joven, descargó con firmeza sobre ella el pequeño papel con su número anotado, no sin antes advertirle con tono autoritario: "Dile a Zambrano que él me llame mí".

Con esa actitud osada frente a los emisarios de Zambrano, me di cuenta de que no estaba con un hacendado cualquiera. Para mi tranquilidad, Armando me había demostrado ser alguien que —ya sea por inspirar respeto, aprecio o, incluso, temor— tenía notoria jerarquía en la región.

CONVERSANDO CON ZAMBRANO

Al día siguiente, como es la costumbre en los pueblos, nos levantamos desde muy temprano. Después de desayunar, salimos a comprar materiales para los locales que Armando construía. Pasado el mediodía, cuando íbamos en mi auto en busca de un lugar para almorzar, sonó el celular de Armando. Mi amigo contestó y me hizo señas para que me estacionara debajo de un frondoso almendro, cuyo follaje proyectaba una gran sombra que amortiguaba los 40 grados centígrados que marcaba el termómetro de la última ferretería visitada.

Dejé el motor en marcha para poder seguir disfrutando del aire acondicionado y procedí a escuchar con atención la conversación. "Es Zambrano", me informó Armando entre señas y mímicas, y siguieron conversando: "¿Cómo está la familia? ¿Qué hay de tus hermanos? ¿Cómo ves el pueblo? ¿A quién vas a apoyar para las próximas elecciones?", etc. Cuando Armando supo que iba a comenzar a preguntar por mí, activó el altavoz de su celular invitándome a escuchar la conversación, no sin antes advertirme, con su dedo índice atravesado en los labios, que guardara absoluto silencio.

—Hombre, Armando, aquí ya casi listo para lo de la desmovilización del bloque —escuché decir a Zambrano—. ¿Cómo te parece la vaina?

—Caramba, *mijo*, en lo que usted crea que yo pueda colaborarle nada más dígame —dijo Armando—. ¿Y dónde va a ser eso?

—En San Pablo, y espero verlo por allá. Necesitamos gente importante como usted para que nos acompañe. jajaja.

—Claro que sí. Cuente con eso. ¿Y cuándo es la desmovilización?

—El próximo 14 de julio, así que por allá lo espero. A propósito, Armando, ¿ese tipo canoso que anda contigo quién es?

—Un amigo de Cartagena. Es como si fuera mi hermano, ¿por qué?

—Ese *hijueputa* tiene un problema de tierras por una herencia en una finca de El Vizo, y se metió un día a esa finquita, con unos militares armados hasta los dientes y cogieron a unos muchachos míos y los maltrataron.

—Yo sé de qué me hablas, y también sé cómo sucedieron los hechos. Ese *man* es un luchador, como lo somos tú y yo Zambrano, bregando cada día por el afrecho, y le queda muy *hijueputa* dejarse quitar esa tierrita así no más.

—Mira, Armando, llamo yo a ese *hijueputa* para que habláramos del tema y me le identifico. Le informo que está hablando con el mismo Zambrano y lo cito a una reunión acá en los Montes de María. Y el muy *malparido* me responde que a él le importa un culo quién sea Zambrano, y que no va para ningunos Montes de María. ¿Cómo así? ¿Y ese *malparido* qué se cree?

Yo enseguida hice señas desesperadas para indicarle a Armando que eso no era cierto, que yo jamás le había contestado de forma soez a Zambrano. Armando no le da ninguna importancia a esto y continúa…

—Zambrano, ten en cuenta que es gente de ciudad. No todos saben quién eres tú. Además, qué va a saber él donde carajos quedan los Montes de María, y con la famita tan *hijueputa* que se gastan los Montes, seguro se atemorizó y no quiso ir.

—Bueno. De todas maneras, yo mandé a que *le dieran piso* a ese *hijueputa* y los muchachos no se han atrevido por estar tú de por medio.

—Mira, yo sé que quiénes te han hablado mal de él, son Alex y la viuda. Además Alex, como se está comiendo a la viuda, le tiene puesto el ojo a lo que dejó el señor, y ese *man* no es ningún marica. Siendo hijo del difunto no se va a dejar robar.

Ese tipo es buena gente. Ahora, ¿a quién le vas a creer tú más? ¿A esa viuda *hijueputa* que acabas de conocer o a mí, *¡nojoda!*, que me conoces desde *pelao*? Tú tienes que conocer al hombre y verás que cambias de opinión. Es más, el día de tú desmovilización te lo llevo allá para que veas la clase de gente que es él.

—Mira, Armando, mi hermano, a ese malparido no lo traigas *pa* acá porque te aseguro que lo pico aquí mismo y me daña la desmovilización. Yo voy a echar *pa* atrás la orden de que jodan a ese *hijueputa*, únicamente por tratarse de ti. Dile que te debe la vida a ti, y tú me debes una. Pero eso sí, dile a ese malparido, que *ni por el putas* se le ocurra pisar otra vez esa finca. Le queda prohibido entrar allá, y si lo llega a hacer, allí sí no va a haber nada que lo salve, ni siquiera tú. Es más, así esté yo ya desmovilizado, me importará un culo e igual lo pico. ¡Que quede eso bien claro!

—Okey, Zambrano. No te preocupes. Le voy a dar tu mensaje y te aseguro que él no vuelve a esa finca. Quedamos así y nos vemos el día de la desmovilización.

—Listo, Armando, quedamos así y de verdad te agradezco que nos acompañes ese día.

Y así fue. Desde ese momento jamás volví a pisar la finca de mi padre. Una cosa es ser valiente, y otra muy distinta, ser estúpido.

DOUGLAS CAMBIA DE ABOGADO

Ya estando en Cartagena, continué con mis actividades cotidianas. Un día cualquiera, me notificaron una nueva cita con Javier Corrales, representante de Seguros Dignity. Era una diligencia incómoda pero necesaria. Acudí a la cita con la esperanza de poder terminar lo más pronto posible con la tramitación exigida por la aseguradora y hacer efectivo el reclamo de la póliza. Para mi decepción, me informaron que me habían citado para tramitar otros documentos que habían quedado pendientes en la cita anterior. No le pregunté ni le comenté nada al Dr. Corrales, él tampoco a mí. Me limité a retirarme de las oficinas de Seguros Dignity con la misma tranquilidad con la que había llegado.

Como consecuencia de esta cita, me interesé por averiguar cómo andaban las diligencias ante la Fiscalía con respecto al caso de homicidio culposo que había instaurado contra el conductor y propietario de la camioneta. Para esto, había encargado a mi suegro, pero veía que este pasaba la mayor parte de su tiempo en una finca que tenía en la población de Chinú, departamento de Córdoba. Realmente notaba poco interés de su parte en el proceso.

Llegué a la Fiscalía y, decepcionado, me di cuenta de que, en todo este tiempo, mi suegro sólo había presentado un escrito donde pedía las acciones civiles del caso para tramitar la reclamación económica. Dos simples párrafos eran la atención prestada por este abogado, y familiar, a un caso que significaba tanto para mí. Confronté a mi suegro al respecto y él me comentó que veía complicado el caso. Alegaba que nadie que hubiera presenciado el accidente se atrevería a atestiguar contra los paramilitares, y que sin testigos iba a ser bastante difícil demostrar responsabilidades en el accidente. No contento con esta respuesta, decidí armar mi propia estrategia de defensa.

Fue entonces cuando advertí que, al no haber testigos dispuestos a declarar, tendría que sustituirlos por evidencias que demostraran la culpabilidad del conductor. Hice el siguiente análisis: Era un vehículo grande, una camioneta tipo campero, marca Toyota, serie Prado. Según lo que me habían comentado, el daño de la misma había sido considerable y el monto del arreglo así lo demostraría. Si mi padre y mi hermano se movilizaban en una pequeña motocicleta de bajo cilindraje, y si los únicos causantes de los daños al campero eran los cuerpos de mis familiares, una prueba de resistencia de materiales podría deducir la velocidad a la que venía la camioneta.

Al parecer, mi padre había cometido una imprudencia al disminuir la marcha en una carretera interdepartamental. Según oídas, mi padre habría olvidado algo en María La Baja e intentó devolverse a buscarlo. También era cierto que conducir en estas vías a una velocidad superior a la permitida le daba poco margen de maniobrabilidad al conductor de la camioneta, y por ende, un alto grado de responsabilidad en el accidente.

También se me ocurrió conseguir, con la distribuidora de estos automóviles en Cartagena, las órdenes de trabajo, facturas, lista de repuestos y partes, que fueron necesarios para la reparación de la camioneta Prado. Todo esto aprovechando que un primo mío trabajaba en aquel concesionario.

Estos análisis y estrategias eran el trabajo que esperaba de mi suegro como abogado. Sin importar el lazo afectivo y familiar que nos unía, decidí cambiarlo. En casos así, lo que importan son los resultados. Ya estaba demostrado que este señor no tenía ningún interés en trabajar en el mismo. Por eso, solicité los servicios de Juan Gilberto Sanabria, abogado penalista, quien además había sido fiscal. A Sanabria me lo recomendó Yesid Ibarra, antiguo compañero de trabajo en la Siderúrgica del Caribe, quien laboraba en el área de sistemas de la Fiscalía.

Me entrevisté con el doctor Sarabia y enseguida noté que era una persona que hablaba con claridad y mirando fijamente a los ojos. Se expresaba usando términos comunes, preocupado porque su interlocutor le entendiera sin importar si este era o no abogado. Además, el doctor Sanabria me comentó que no le intimidaba tratar con los paramilitares. De hecho, en otras ocasiones le había tocado litigar contra ellos. Le preocupaban sus métodos pero no les temía. Me impresionó gratamente este abogado con quién sentí gran afinidad desde un principio. Me dejé llevar por mi instinto y le contraté.

Le comenté al doctor Sanabria mi estrategia de defensa y le pareció muy acertada y creativa. En seguida procedimos los dos a trabajar al unísono en la misma. Comenzamos por pedir al fiscal que, dentro de las pruebas, exigiera a la aseguradora las fotos del siniestro. Sospechosamente, la aseguradora argumentó que estas imágenes ya no estaban disponibles. No contentos con la respuesta, el abogado pidió al fiscal decretar la inspección de los vehículos siniestrados por un perito en accidentes. La camioneta Toyota ya había sido reparada.

A pesar de esto, hicimos pedir, por medio de la Fiscalía, al concesionario de Toyota en Cartagena, copias de toda la documentación relacionada con la reparación de dicho vehículo. Adicionalmente, mi nuevo abogado pidió al fiscal ordenar la inspección de la motocicleta donde viajaban los dos fallecidos. Con agrado, noté que la decisión de cambiar el abogado comenzaba a dar frutos inmediatamente.

EN BUSCA DE PRUEBAS

El fiscal que llevaba el caso decretó la inspección de la motocicleta, y Sanabria consiguió que el perito inspector en siniestros automovilísticos fuera uno de su entera confianza. Nos desplazamos los tres a la población de María La Baja, donde se encontraba la motocicleta, más específicamente hacia el taller donde las autoridades viales guardaban los vehículos siniestrados en su jurisdicción.

Al pasar por el sector de El Vizo, disminuí la velocidad y les mostré, a Sanabria y al perito, la finca donde había vivido mi padre hasta sus últimos días. Les narré todo lo acontecido cuando fui a buscar la camioneta, la llamada amenazante de alias Zambrano y la prohibición que este me había hecho de llegar a la finca. Allí nos detuvimos por escasos segundos, sin bajarnos, y luego reanudamos la marcha.

Cuando llegamos a María La Baja nos detuvimos frente a la central de abastos del pueblo, propiedad de un señor amigo de mi padre y de quien solo recuerdo el nombre: Medardo. Este señor siempre nos recibía con mucho agrado. Apenas nos bajamos del auto, fuimos interceptados por un escuadrón móvil de la Policía, quienes nos pidieron nuestras identificaciones. Eran aproximadamente 14 agentes, ataviados con armas de largo alcance y portando chalecos antibalas. Se movilizaban en motos de alto cilindraje e iban dos en cada una de ellas. Me causaron mucha curiosidad porque el policía parrillero viajaba sentado de espaldas al conductor, una forma difícil de llevar un copiloto, pero que les permitía una respuesta rápida en caso de una emboscada; lo que, a su vez, demostraba que estábamos en zona de conflicto.

Se identificaron el perito de la Fiscalía y el abogado Sanabria. Me pidieron los papeles de mi arma y, al ver que todo estaba en regla, el comandante del grupo de motorizados comenzó a hostigarme. Me cuestionó si había pasado por El Vizo, si había llegado a una finca ubicada en ese sector, si yo había detenido el auto en la carretera frente a la misma, por qué había señalado hacia la entrada… Una y otra serie de preguntas de las cuales no era difícil deducir que el uniformado ya tenía las respuestas.

Le contesté, visiblemente disgustado, diciéndole que yo era el dueño de esa finca y que podía llegar cuando quisiera, pero que me parecía muy desatinado que fuera un policía, un representante de la autoridad, quien estuviera haciéndole mandados a los *paracos*. Asombrados, el abogado y el funcionario de la Fiscalía esperaron una reacción agresiva del uniformado, pero, para sorpresa de todos, este, sin ruborizarse siquiera, organizó a sus hombres y se marcharon sin decir nada.

Llegamos a la tienda de abastos y le preguntamos a Medardo por la dirección del patio donde la autoridad vial guardaba los vehículos siniestrados. Medardo nos indicó dónde era, y nos dirigimos al sitio para practicar las pruebas respectivas. Mis compañeros de viaje tomaron las fotos necesarias y, haciendo un análisis rápido de las mismas, noté claramente que el golpe había sido justo en la parte trasera de la moto. Esta todavía mostraba, en los amortiguadores traseros, una serie lineal de rallones rojos, el mismo color de la camioneta involucrada en el accidente. A simple vista, se podía deducir que el arrollamiento a la pequeña motocicleta había sido desde la parte trasera.

Mi primo, quien trabajaba con el concesionario de la Toyota en Cartagena, diligentemente consiguió toda la documentación referente a la reparación del vehículo. Es más, estuvo a punto de conseguir unas fotos de la camioneta siniestrada como yo le había solicitado, pero en dicho concesionario borraban los archivos después de tres meses de antigüedad. Esto me pareció absurdo, pero me di por satisfecho con toda la documentación obtenida.

Con las nuevas pruebas y con la notable diligencia e interés manifestado por el nuevo abogado, el proceso ante la Fiscalía por fin comenzó a moverse. Esto a su vez, producía en mí emociones encontradas: por un lado, me alegraba saber que la muerte de mis familiares quizás no quedaría impune; pero, por otro, me preocupaba el proceder de mis adversarios. Este avance judicial no les convendría, y no se dejarían vencer fácilmente.

Entre idas a la Fiscalía, consultas de abogados y viajes a María La Baja, transcurría mi vida. Mientras tanto, veía angustiado pasar mis días en la espera tormentosa por la solución de un problema que no amainaba. La aseguradora citaba constantemente a corroboración de información y tramitación de papeles, mientras que los paramilitares, instigados por la viuda, y urgidos por el dinero de la indemnización, no cesaban en sus amenazas y seguimientos.

En cierta ocasión, me citaron en la aseguradora. Lo que yo no sabía era que esta reunión había sido solicitada por el propietario de la camioneta. Era un hombre moreno, alto y de contextura gruesa. Su verdadero nombre era José Benito Villarreal Ramírez, alias José Echeverry. Este, en forma muy cordial, me comentó que lamentaba todo lo sucedido y esperaba entendimiento de parte de los familiares de las víctimas, que había sido un accidente y que se había sentido muy afectado, ya que este era su primer accidente fatal, en el que, para colmo de males, habían sido dos las víctimas.

Se comprometió entonces a agilizar todas las diligencias necesarias para que la aseguradora cancelara la indemnización lo más pronto posible. Me comentó que él bien sabía que la pérdida de un ser querido no se podía subsanar con dinero, mas este siempre ayudaba, sobre todo a la viuda, quien aparentemente había quedado sola y desamparada. Me pareció una persona sincera y bien intencionada, muy a pesar de saber cuál era su actividad y la organización a la cual pertenecía.

UN NUEVO ALIADO

Mis amistad con Armando se fue afianzando y era más el tiempo que pasaba en María La Baja que en Cartagena. Como consecuencia de esto, logré algunas amistades y uno que otro negocio, comerciando con ganado y tierras. Un día cualquiera, regresábamos de María La Baja. Venía conmigo en mi auto un abogado amigo de Armando llamado Ariel Olarte. Armando venía en un automóvil aparte con tres amigas que nos habíamos encontrado en el pueblo, quienes no se atrevían a conducir solas de regreso a Cartagena ya que la noche las cogería a mitad de camino.

Al pasar por El Vizo, me detuve en una estación de servicio a echar combustible. Armando siguió manejando, pero a marcha lenta, para esperarme. Después de aprovisionarme de combustible, y cuando íbamos saliendo de la estación de servicio, fui abordado por un policía, quien, haciéndome señas, me obligó a detenerme. Después de saludarme por mi nombre (lo que me impresionó), me comentó que Alex quería hablar conmigo. "¿Alex?", respondí sorprendido. "Dígale a ese señor que no tengo nada que hablar con él". El policía insistió diciéndome que de mi enfrentamiento con Alex no obtendría nada bueno, y descaradamente me argumentó: "Mire, Douglas, Alex es buena persona. Está en el restaurante de la esquina sentado con Celia. Lleguemos hasta allá, aclaran todo y así solucionan sus problemas. Vea que el orden público por estos lados está bastante complicado y los homicidios son pan de cada día".

Al escuchar estos "consejos" amenazantes del policía, le volví a responder negativamente, esta vez bastante contrariado. Me parecía tan absurdo que fuera justo un representante de la autoridad quien estuviera trayendo recados y, peor aún, amenazas de parte de un delincuente. Me alistaba a poner en marcha el automóvil cuando, para mi sorpresa, observé que detrás del policía, ya muy próximo a nosotros, venía Alex caminando lentamente, escoltado por tres hombres.

Antes de llegar y con un simple gesto, Alex le indicó a sus tres acompañantes que se detuvieran y él siguió acercándose solo hasta mi auto. Al darme cuenta de su proximidad, saqué mi arma y, empuñándola, la sostuve entre mis piernas. El abogado que me acompañaba, y quien sabía de todos los inconvenientes entre Alex y yo, salió presuroso del auto y se alejó a llamar por celular a Armando.

El policía, intrigado por mi reacción defensiva y la actitud presurosa del abogado que me acompañaba, giró su cabeza y se sorprendió también al ver a Alex llegando detrás de él. Se apartó y dejó el espacio libre para que el paramilitar y yo habláramos.

Alex, en tono amable, me abordó:

—Douglas, ¿será que su educación nos permite hablar unas palabras?.

—¿Qué dices? —le pregunté yo, muy sorprendido y algo incómodo.

—Sí, Douglas. Usted es una persona más educada que yo y sé que eso permitirá que le pueda decir unas palabras.

Menos prevenido debido a la introducción con que inició el diálogo este sujeto, y notando a simple vista la ausencia de arma alguna en él, guardé la mía y me bajé del auto; pero aún incómodo le pregunté:

—¿Qué me tienes que decir?

—Vea, Douglas, nosotros no queremos más problemas con usted —dijo Alex—. Queremos andar tranquilos. Es más, yo creo que todos deberíamos estar del mismo lado. Hemos estado enfrentados y le aseguro que, de seguir así, no lograremos nada bueno. Mire, lastimosamente ni a su padre ni a su hermano nadie les puede devolver la vida, pero también es cierto que la camioneta que cometió el accidente tiene una póliza y el dueño de la misma es el que le maneja las finanzas de nuestro patrón. Me parece a mí, si usted está de acuerdo, que deberíamos unirnos y así lograr sacar la indemnización del seguro juntos lo más pronto posible. Lo dividimos en dos, una mitad para ustedes y la otra para nosotros. ¿Qué le parece?

A pesar de estar sorprendido por esta entrevista con quien hasta hace pocas horas era mi más acérrimo contrincante, razoné rápidamente acerca de toda esta nueva e inesperada información recibida y, muy calmado, le respondí:

—Mire, Alex, me parece razonable su propuesta. Sé que usted representa los intereses de Celia, en lo cual no veo ningún inconveniente. Es más, de aceptar su propuesta, mi única condición es tratar siempre con usted y no hacerlo con esta señora jamás. Soy consciente y reconozco los derechos que ella también tiene sobre dicha indemnización. Sin embargo, esa manera irracional y mezquina de despilfarrar todo lo que tanto trabajo le costó a mi padre conseguir, fue lo que hizo cambiar mi actitud hacia ella. Esa mujer le regaló un dinero a un novio que tuvo antes de usted, dinero que yo de huevón le entregué como pago de una deuda que tenía con mi padre y de la cual ella no tenía conocimiento. De haber sabido lo que ella iba a hacer con ese pago, le aseguro me hubiera tragado mi honestidad y no se lo hubiera entregado.

Y agregué:

—Además, la actitud de ella fue tan mezquina que, cuando le pedí el revólver de mi padre (lo único que yo pretendía reclamar), la muy estúpida trató de convencerme de que mi padre se lo había prestado a un amigo, cosa que yo sé que él jamás hubiera hecho. Mejor dicho, voy a ser bien franco con usted: es tanto mi fastidio hacia esta señora, que me tiene sin cuidado si, al momento de lograr la indemnización, usted se queda con la parte de ella. Alex, ya nos conocimos como adversarios, y sabemos de las capacidades y virtudes de cada uno. Ahora, en esta nueva etapa, sólo le pediré absoluta lealtad, ya que, desde este mismo instante, usted cuenta con la mía.

—Vea, Douglas, yo conocí muy bien a su papá. Lo respetaba y lo admiraba por su carácter fuerte y valeroso. Le aseguro que de ahora en adelante puede contar conmigo y con mis muchachos. Cualquier cosa que usted necesite, sea de mí o de la organización, sea referente a este caso que nos ocupa, o sea cualquier otra situación, no dude en pedirla.

—Alex, en realidad toda esta situación la he tomado como un reto personal y me he propuesto demostrarle a la aseguradora que el precio que le tazaron a mis familiares solo despertó en mí este sentimiento de rivalidad y disputa hacia ellos. En cuanto a la repartición de la indemnización, le recuerdo que yo también represento la parte de mi hermana, así que la división deberá hacerse entre tres. ¿Está de acuerdo?

Por fortuna, soy poseedor de una mirada penetrante, la cual sé utilizar cuando de escudriñar en la psiquis de alguien se trata. Lo miré directo a los ojos, en espera de la respuesta. Alex, asintiendo seguidamente su cabeza, me dijo que le parecía justo.

Le propuse concentrarnos, de allí en adelante, únicamente en lograr el objetivo: fastidiar a la aseguradora de la forma que más le doliera y nos conviniera, sacándole la mayor cantidad de dinero posible. Intercambiamos números de celulares, estrechamos nuestras manos y quedamos en hablar nuevamente para comenzar a organizar la estrategia a seguir contra la aseguradora.

DOUGLAS PASA LA PRUEBA

Quedé muy satisfecho de con mi nueva situación. Alex me había inspirado confianza. Me parecía sincero. Por tratarse de uno de los lugartenientes directos de Zambrano, esta nueva cercanía significaría un adversario menos, y no uno cualquiera. Me habría liberado del que amenazaba mi vida.

Después de varias conversaciones telefónicas con Alex, decidimos reunirnos e intercambiar las averiguaciones realizadas cada uno por su lado. La cita se dio en el sector de Las Gaviotas, en unos locales ubicados frente al Centro Comercial Los Ejecutivos, en Cartagena de Indias. Me dirigí al sitio completamente solo, sin ninguna prevención.

Confío mucho en mis apreciaciones, y percibí en Alex a una persona que, a pesar de ser un delincuente, denotaba sinceridad en sus palabras, además las acompañaba con una mirada sostenida mientras las decía. Esto me dio la confianza suficiente para desplazarme hasta el lugar de encuentro con absoluta tranquilidad, muy a pesar de que en la reunión carecería completamente de respaldo frente a quien hasta hace poco me buscaba para asesinarme.

Al llegar al sitio, llamé a Alex, quien salió a recibirme a la puerta del local. Se trataba de una discoteca abierta a esa hora del día sólo para esta reunión, lo cual dejaba mucho que pensar. El paramilitar estaba acompañado por seis tipos de aspecto inquietante. Uno de ellos, se presentó como militar activo antiguerrilla, el cual, a pesar de estar de civil, aclaró que estaba en servicio; cuatro muchachos morenos de entre dieciocho y veinte años, visiblemente armados, con rostros amenazantes, de pie y estratégicamente ubicados, a quienes ignoré completamente; y un señor calvo de cincuenta años, a quien Alex trataba con cierto respeto. Nos sentamos y Alex pidió una ronda de cervezas.

La conversación transcurrió amablemente. Fue más que todo un reconocimiento mutuo; era como una demostración, o medida de fuerzas, entre dos contrincantes que recién se encuentran y que quieren ver de qué material están hechos cada uno, y, a su vez, demostrar sus capacidades y contactos. Transcurrieron aproximadamente dos horas de charla. Entre anécdotas, comentarios y la planificación de estrategias que ayudaran a resolver el pleito con la aseguradora, nos tomamos un número exagerado de cervezas. Ya finalizando la tarde, nos despedimos, aunque no como los mejores amigos, sí con mucha confianza el uno en el otro.

Por su lado, Alex mostró su capacidad de convocar un pequeño ejército y poder disponer de él con mando absoluto. Por mi parte, demostré un completo dominio de la situación y una total tranquilidad. Mi actitud inspiró en ellos ese respeto al creer que estaban tratando con alguien de cierto poder. Tanto es así, que, al momento de la despedida, Alex me reconoció la admiración que causó tanto en él como en sus hombres mi valentía al asistir a semejante reunión completamente solo. Acto seguido, y como muestra de respeto, Alex me acompañó hasta mi vehículo. Ya en la puerta del auto, Alex pidió que me detuviera un instante. Levantó su mano y, haciendo un gesto, llamó la atención de los dos morenos que estaban estacionados en una moto a varios metros de distancia.

Los aludidos pusieron en marcha la moto y se acercaron. Alex me los presentó advirtiéndome: "Mire, Douglas, ¿sabe porque tenemos la certeza de que usted vino completamente solo a reunirse con nosotros? Muy sencillo, *broder*. Estos *pelaos* lo vienen siguiendo desde su casa, y ahora, lo escoltarán de regreso". Me lo quedé mirando muy sorprendido y algo serio. Después de un corto silencio, solté una estrepitosa carcajada, estreché su mano, le di algunas palmadas en su hombro y me marché. Meneando la cabeza de un lado a otro y con una amplia sonrisa, me subí al auto.

En el trayecto a mi casa cavilaba al respecto de lo que acaba de acontecer. Me di cuenta de que Alex podía ser una persona de gran utilidad. No era ningún caído del zarzo y sus cualidades delincuenciales podrían inclinar la balanza a mi favor. También recordé con agrado que afortunadamente Alex no se hallaba en la finca aquella mañana en que fui en busca de la camioneta. La ira que llevaba contra él tal vez me hubiera hecho capaz de agredirlo físicamente. Un ataque de esa magnitud difícilmente un hombre lo habría podido olvidar, de tal forma que no se hubiera propiciado la actual cercanía.

EL CHIVO

En plena campaña electoral para Concejo y Alcaldía de María La Baja, año 2005, Armando me invitó a una reunión política con el entonces candidato y después alcalde Alejandro Marimón Salinas. Armando, siendo conocedor de que yo tenía algunas amistades en los círculos de poder de la ciudad, me llevó a dicha reunión con el propósito de poner al candidato en contacto con el entonces delegado del Registrador Nacional en Bolívar, Fernando Mendoza. Yo conocía bien a Fernando, ya que era amigo de quien era mi suegro en aquellos momentos, Carlos Figueroa, y en varias ocasiones habíamos departido. El delegado del Registrador los orientaría a ellos acerca de unas supuestas inhabilidades que preocupaban al entonces candidato. Y así lo hice, llamamos a Fernando y aclaró las dudas.

Como en reunión política que se respete, el trago y la tertulia estuvieron presentes. Terminada la misma, alrededor de las 8:30 p.m., salimos en busca de uno de los pocos lugares donde cenar en María La Baja. Llegamos al único asadero de pollos existente para la época. Por casualidad, también Alex se encontraba en el sitio, acompañado de sus "muchachos" y un señor de buena presencia y ademanes refinados. Alex nos saludó afectuosamente y nos invitó a su mesa. Entre cervezas, algo de whiskey y buena conversación, nos quedamos en el asadero hasta la hora de cierre: 11:00 p.m.

Al momento de despedirnos, Alex nos instó a seguir la tertulia en uno de los locales del señor que le acompañaba. Como la conversación era agradable, a mí me pareció buena idea. Armando, quien se sentía cansado, no nos quiso acompañar. Yo, al no notar ninguna advertencia por parte de Armando, me sentí confiado y accedí a continuar con el convite. Armando se llevó mi auto y yo me fui con Alex en su *jeep*.

Llegamos al sitio del señor y todo estaba muy ameno. La confianza en Alex ya era plena, y me sentía seguro. Permanecimos en este lugar hasta la 1:30 de la madrugada. En medio del jolgorio, Alex me invitó a un asado que daría al día siguiente en su finca. Impulsado por el entusiasmo etílico del momento, Alex me convidó a que fuéramos —a esa hora— hasta la finca de un amigo suyo, en busca de un chivo que este le había prometido.

Nos marchamos en el campero de Alex. A bordo íbamos los tres muchachos que siempre lo escoltaban —ubicados en el asiento trasero—, Alex conduciendo, y yo a su lado como copiloto. Salimos de María La Baja rondando las 2:00 a.m. A esa hora, la espesa noche ensombrecía las desoladas calles del pueblo. Tomamos la carretera que de María La Baja conduce a El Vizo. Poco antes de llegar a San Pablo, salimos de la vía principal y nos adentramos por una trocha destapada ubicada a mano derecha. En este sitio, San Pablo, era donde habían perecido mis seres queridos, lo que me hizo recordar aquellos trágicos acontecimientos.

La oscuridad era absoluta. Los faroles del viejo campero, temblorosos, iluminaban el camino entre saltos y tumbos debido al mal estado de la vía. La noche se sentía fresca, y la poca luminosidad emitida por la luna menguante se reflejaba en las aguas de los canales de riego, ubicados a la margen izquierda del polvoriento camino. Recordé que estos canales eran, según registros periodísticos, los preferidos por los paramilitares para desaparecer los cadáveres de la gente que eliminaban. En el lado derecho del trayecto, podía ver, desde mi ventanilla, cómo se alzaban extensos sembradíos de palma de aceite, mostrando todo su verdor al ser iluminados por las farolas del campero a su paso.

Entre charla, risas y vallenatos viejos, transcurría el recorrido. Pero como en todo compartir, el agotamiento de temas permite a veces largos silencios. Fue en uno de estos que empecé a preocuparme por mi integridad. Reflexioné acerca de lo desolado y apartado del sitio; además, acompañado por quien hasta hacía solo un par de meses quería asesinarme. Los escoltas de Alex, ubicados estratégicamente en el puesto trasero, no me permitirían ninguna reacción en caso de que decidieran atentar contra mi vida. Me sentí vulnerable.

Alex, quien venía conduciendo, ahora lucía pensativo. Yo no podía ver las caras de los escoltas, a menos que girara mi cabeza; pero habría delatado mi desconfianza. Además, la oscuridad reinante y las luces del *jeep* alumbrando el camino delante de nosotros, encandilaban mi visión, lo que hacía, del interior del auto, un lugar en total penumbra. De nada me serviría voltear hacia atrás, ya que mis ojos requerirían de vitales segundos para lograr ver en detalle.

El temor comenzó a construir mil ideas en mi mente. ¿Será que Alex, queriendo aprovechar la situación, ha decidido deshacerse de mí? De ser esto cierto, tendría que reaccionar inmediatamente. Voltearme y disparar a ciegas contra los escoltas no me garantizaba salir bien librado, pero era mi única oportunidad. Sin embargo, me preocupaba pensar que, si todo era producto de mi paranoica imaginación, estaría ante la posibilidad de asesinar a tres individuos de forma vil, o peor aún, la lógica reacción de ellos sería la que pondría en riesgo mi vida.

Todo esto pasaba por mi mente mientras seguíamos adentrándonos en el polvoriento camino. El silencio dentro del auto persistía. Desde mi ventanilla, noté que los vastos sembradíos de palma de aceite ahora eran reemplazados por interminables platanales. Habían transcurrido ya treinta largos minutos desde que abandonamos la carretera pavimentada, y unos diez de ir todos en absoluto silencio.

De repente, Alex aplicó los frenos del auto y detuvo la marcha. El sonido de arrastre de los neumáticos sobre la tierra suelta aun retumba en mi mente hoy en día cuando recuerdo aquel momento. Una inmensa nube de polvo nos envolvió, dificultando aún más la poca visibilidad. Mi angustiada mente interpretó la abrupta detención como que ya había llegado mi hora. Sin embargo, no hice nada.

Casi resignado, y simulando total tranquilidad, miré a Alex y le pregunté acerca del porqué se detenía en medio de la nada. A lo que me respondió: "Sabe una vaina, viejo Douglas, esa finca de mi amigo la estoy viendo como lejos. Regresémonos". Con algo de dificultad, Alex giró el pesado *jeep* 180 grados en el estrecho camino, y sorpresivamente emprendimos el regreso a María La Baja.

El trayecto de regreso parecía más rápido. Esto suele suceder cuando se incursiona por caminos desconocidos. Ya relajados, la charla y los tragos volvieron a hacer parte del paseo hasta llegar a María La Baja. Yo, extenuado por el cansancio de un día intenso y el susto que acababa de padecer, les pedí que me llevaran inmediatamente a casa de Armando.

Lo sucedido esa noche fue muy extraño, por decir lo menos. Fue la primera y única vez que estuve sólo con Alex y secuaces, sin Armando, y en tierra de nadie. Y fue la única oportunidad real que ellos tuvieron de asesinarme o desaparecerme.

Al día siguiente, Alex no pasó a recogerme para ir al asado, como habíamos acordado. Aún hoy en día me pregunto por qué después de haber avanzado tanto camino en busca del chivo, Alex repentinamente se devuelve y desistió de ir por el animal. Entre el chivo y yo, nunca me quedó claro quién iba a ser el sacrificado aquella noche. Haciendo honor a la verdad, debo aclarar que con Alex me tocó tratar, después de este episodio, muchas veces, pero aquella ocasión fue la única en que sentí temor por mi vida.

DESENMASCARANDO A CORRALES

Pasado un tiempo, Javier Corrales, abogado de Seguros Dignity, me citó una vez más a sus oficinas. En ella me comentó que José Echeverry, propietario de la camioneta, había estado preguntando por el caso, que estaba enojado porque el tiempo transcurría y no había ninguna solución; y que se había enterado de que un tal Douglas era quien estaba retrasando dicha negociación. Según Corrales, Echeverry le había pedido en tono muy enérgico que le advirtiera a ese Douglas que le convenía más negociar con la aseguradora que directamente con ellos.

Desde hacía un tiempo me venían pareciendo sospechosas ciertas actitudes de este abogado, por lo que había comenzado a grabar todas las conversaciones sostenidas con él. Me pareció extraña esta amenaza, ya que, cuando conocí a Echeverry en la aseguradora, reunión que desconocía Corrales, la percepción que tuve de él era opuesta a lo que este dudoso abogado ahora me mostraba. Y lo que Corrales también ignoraba era mi actual cercanía con Alex. Sin hacer ningún comentario, abandoné las instalaciones.

Llamé a Alex inmediatamente después de comentarle lo sucedido, le pedí que indagara el asunto. Quedamos en vernos a los pocos días en María La Baja. Una vez allí, Alex me comentó que había hablado con el jefe de seguridad de Echeverry, y que este le había confirmado que su patrón sí había estado en la aseguradora. El jefe de seguridad estuvo presente en dicha reunión, y escuchó al abogado Corrales decirle a Echeverry que la aseguradora había tratado en muchas ocasiones negociar la indemnización con la familia de los difuntos, pero que el señor Douglas se mostraba muy complicado a la hora de acordar una cifra; y que, cuando ya creían cercano un arreglo, el tal Douglas cambiaba de parecer, lo cual dificultaba la negociación. "Viejo Alex, ese *man* indispuso al señor Douglas con el patrón, y para ser honesto, Echeverry no dijo nada, pero se le notó disgustado", finalizó diciéndole el escolta.

—Vea, Douglas —dijo Alex notoriamente disgustado—, le voy a hablar bien claro. Yo sé que usted no está de acuerdo con nuestros métodos, pero hay veces que son necesarios. Ese abogadito de la aseguradora quiere pescar en río revuelto y lo está echando a usted a la guerra con Echeverry. ¿Qué hacemos?

—Alex, no tenemos que agredir a nadie —le contesté con total tranquilidad—. Vamos a desenmascararlo. Este tipo es bastante perverso. Él bien sabe con quienes está tratando y, al indisponerme a mí con ustedes, está promoviendo indirectamente mi asesinato. La compañía aseguradora como que le reconoce, a este abogado, una comisión por el dinero que logra ahorrarle en las indemnizaciones, así que, entre menos dinero les dé a los dolientes, él recibe una mayor bonificación.

Se me ocurre que, utilizando a Celia como interesada también del caso, contactes tú al abogado Corrales. Consigue una cita y vas con ella en calidad de su nuevo compañero permanente. De esta forma, te darás cuenta tú directamente en realidad qué es lo que este sujeto trama. Luego usamos este conocimiento a nuestro favor.

Alex me comentó que ellos hacía algún tiempo habían hablado con Corrales:

—Es más—continuó diciendo—, habíamos conseguido a un abogado que nos representara en eso, pero la verdad es que dejamos eso así y no regresamos más. Viejo Douglas, deje y me pongo en contacto con Corrales de nuevo. Eso sí, le pido un favor: cuando vayamos a hablar con él, le avisamos a usted y nos reunimos antes para coordinar bien qué debemos decir. No es que yo sea bruto, pero hay que reconocer que usted utiliza mejor las palabras, y la idea es lograr desenmascarar a ese *hijueputa*.

Alex había notado en mí una gran capacidad de análisis y prefería comentarme las cosas antes de realizarlas, tratando así de asegurar el éxito de las mismas. Mi aliado hizo que Celia pidiera una cita con el abogado, y una vez acordada la fecha, me llamó para ponernos de acuerdo y reunirnos antes. Lo único que exigí, fue que Celia no estuviera presente en la reunión conmigo.

El día de la cita nos reunimos en Cartagena. Después de armar el diálogo que tendrían con el abogado Corrales y de afinar algunos detalles, la única recomendación especial que le hice a Alex fue que por ningún motivo permitiera que Corrales se diera cuenta de nuestra alianza. De esta manera, lograríamos que el sujeto hablara y actuara sin prevenciones. Nos despedimos y quedamos en vernos una vez terminada la reunión.

A la cita acudieron: Celia, Alex, sus tres escoltas y el abogado de ellos (un moreno grueso y muy alto, natural de María La Baja y de apellido Mendoza). Luego de las respectivas presentaciones, entraron en materia:

—Vea, doctor —dijo Alex—. ¿Qué es lo que ha pasado con esa platica del seguro? Ya les entregamos todos los documentos y nada que llega.

—Mire, Alex—contestó Corrales—: la verdad es que todo está listo de nuestro lado, y veo que del de ustedes también, pero ese señor Douglas Páez, hijo del difunto, es bastante difícil. Primero fue una verdadera odisea conseguir que trajera toda la documentación requerida, después, conciliar una cifra con él, ha sido un verdadero viacrucis; y cuando por fin ya creemos estar de acuerdo, él intempestivamente cambia de parecer. La verdad, esto se sale de mis manos y solo queda esperar a que dicho señor se decida.

—Pero ¿cómo así, doctor? ¿Entonces tenemos nosotros que

esperar a que el señor Douglas quiera? ¿Por qué no nos pagan nuestra parte y ya?

—Mire, Alex, eso no es así de fácil. La aseguradora no puede conciliar con unos dolientes y después con los otros. Cuando se concilia, se hace con todos en un solo bloque. Ahora que… no sé… ¿Y si de pronto ustedes lo presionan un poco? Allí le dejo la inquietud.

Alex lo miró serenamente y, muy serio, le comentó con esa voz ronca que le caracterizaba:

—No se preocupe, doctor, que esa es nuestra especialidad.

Se puso de pie, estrechó la mano de Corrales y, con una sonrisa, le expresó:

—Doctor, ¿sabe qué? Me ha gustado mucho haber venido. Hoy me di cuenta de qué es lo que realmente está pasando. Hasta luego.

El abogado, sin entender la ironía del comentario, le recalcó mientras los acompañaba a la puerta:

—Vea, don Alex, yo no quería poner en evidencia a este señor, pero la verdad es que él es bastante complicado. Espero que ustedes puedan manejar eso.

—Vea, doctor, a ese *man* lo que hay es que *darle piso* —le respondió Alex, muy atento a la reacción del abogado.

—Don Alex, por favor, no entre en detalles conmigo.

Inmediatamente salió de la reunión, Alex llegó a donde yo lo esperaba. Me contó los detalles de la reunión que reflejaban la maledicencia de este abogado al pedirle, en sus propias palabras, que me presionaran. Me quedé meditando un rato. Al ver lo peligroso que podía tornarse este abogado, decidí llamarlo allí mismo, delante de Alex. Marqué el número y coloqué el celular en altavoz para que Alex también pudiera escuchar. Además, grabé la conversación desde mi celular para guardarla como evidencia:

—Corrales, ¿cómo le va? Habla con Douglas Páez. ¿Qué razón me tiene? ¿Qué ha pasado de nuevo?

—Mire, Douglas, la verdad es que el señor dueño de la camioneta está muy molesto. Acaba de mandar unos emisarios a informarme que él mismo sería quien negociaría con usted. Como puede ver, esto ya se sale de mis manos, entiéndase usted con él.

—¿Cómo así, doctor? ¿Y es que acaso ese señor trabaja en la aseguradora?

—Claro que no, Douglas. Lo que pasa es que ese señor, teniendo el rango que tiene en esa organización, prácticamente nos deja sin muchas opciones.

—Pero, doctor, poniéndolo en palabras claras, ese señor me está amenazando.

—Mire, Douglas, yo de usted, aceptaría rápido la oferta de la aseguradora y salía de ese problema. Recuerde el tipo de personas con las que estamos tratando.

—Listo, doctor, deje que hable con mi hermana y le comento todo lo sucedido. De verdad, me he quedado muy preocupado con todo esto que usted me dice.

—Douglas, se lo digo como consejo. Y si me lo vuelve a preguntar, jamás reconoceré que yo le he dicho esto: recuerde que esa gente anda al margen de la ley. Son delincuentes, y la verdad creo que la vida no tiene precio. Piénsenlo bien y me avisa.

—Okey, doctor. Gracias por el consejo.

Alex quedó muy molesto con todo lo que escuchó:

—Ese abogado *hijueputa* se va a meter en un lío bien grande. Ahora que Echeverry sepa que ese *man* está utilizando su nombre para amenazarlos a ustedes, se va a poner bien *puto*. Echeverry no es violento, por el contrario, quiere salir rápido de todo esto y de la mejor manera para ustedes. Él se siente muy mal por el accidente. Viejo Douglas, le comento algo para que usted vea la calidad de persona que es Echeverry. A ese *man*, el patrón (Juancho Dique) le mama gallo diciendo que la única forma de que José Echeverry se eche dos muertos encima es por un accidente de tránsito —un comentario cruel, pero que me mostraba que, por lo menos, alguien en ese grupo delictivo sentía respeto por la vida.

Toda esta información sería bien utilizada en contra de este despreciable abogado. No pude evitar esbozar una sonrisa pícara. Realmente me complace hilvanar la madeja de ideas que sé redundarán en un excelente plan o estrategia. Muchas veces veía todo esto como un juego, un juego siniestro del cual disfrutaba con la satisfacción de dominar situaciones peligrosas, situaciones donde lo que estaba en riesgo era mi vida. Además, el andar ocupado en cuidarme y cuidar de los míos, me servía de distracción y terapia para el duelo.

De pronto, me di cuenta de que la tarea ya estaba realizada. Alex había escuchado todo lo maquiavélico que podía llegar a ser este abogado y el despectivo concepto que tenía de ellos. Ya sólo era cuestión de esperar a que Alex le informara a José Echeverry del siniestro juego que estaba haciendo este abogado al tomarlos a ellos de idiotas útiles e inducirlos a que me presionaran para obtener el mayor beneficio.

Y en efecto, así fue. A los pocos días, me llamó Alex y me comentó que debíamos vernos. Como estaba en Cartagena, aprovechamos para reunirnos y charlar al respecto.

—Viejo Douglas, ya Echeverry sabe lo que este abogado de la aseguradora está haciendo. Ese *man* cogió tanta rabia que por primera vez se le oyó hablar de dar de baja a alguien. Dice que ese abogado es mucho *hijueputa*. Sólo alguien sumamente codicioso puede obrar de esa manera con los familiares de unas víctimas. Echeverry nos encargó a nosotros de hacerle una visita bien *hijueputa* a ese abogado. Se me ocurre que usted, si no tiene inconveniente, nos acompañe. De esa manera, le mostramos a ese marica que estamos juntos en esto y que hemos descubierto su jueguito. Vamos a hablarle bien clarito a ese malparido.

Solo me cercioré de que no iban a agredirlo. Habiendo obtenido la promesa de que esto no pasaría, accedí a acompañarlos. Lo que en realidad me motivaba era la morbosa satisfacción de ver la cara de Corrales cuando se diera cuenta de que yo había sido más astuto.

A los pocos días, me contactó Alex y me informó que ya habían venido a hablar con Corrales. Nos encontramos y, después de un breve saludo, nos dirigimos a la oficina del abogado. Esta quedaba ubicada en la Calle del Arsenal, en el mismo edificio de la aseguradora, pero varios pisos más arriba. Acompañaba a Alex el señor Pedro Vásquez Pérez, alias Peyo, comandante de la agrupación delictiva en María La Baja. Peyo era un tipo moreno, fornido, de mediana estatura. Siempre se veía bien vestido, pero se le notaba su procedencia campesina. Era famoso dentro de la organización delictiva por su excelente tino con la pistola, y por ende, absoluto acierto y rapidez a la hora de realizar algún "encargo" (léase, homicidio). Peyo también iba con sus escoltas, que, sumados a los de Alex, totalizaban cinco. También iba el abogado de Alex y Celia. Los escoltas se quedaron en el pasillo, afuera de la oficina del doctor Corrales. Siendo honesto, la escena lucía bastante intimidante.

Al llegar, fuimos recibidos por la secretaria, quien notablemente incómoda preguntó quiénes éramos nosotros y cuál sería el tema a tratar con el doctor Corrales. Nos ofreció asiento, tintos, y se ausentó por un instante. Cuando regresó, nos informó que el abogado no se encontraba en la oficina. Preguntó si deseábamos dejar algún recado. Alex le respondió que no se preocupara por nosotros, que esperaríamos a que llegara Corrales. Yo no intervenía en nada, simplemente era un espectador.

Pasados algunos minutos, la secretaria, quien ya lucía nerviosa, se nos acercó e informó que el doctor Corrales probablemente se demoraría más de lo previsto; a lo que Alex le respondió que no importaba, que igual esperaríamos todo el día de ser necesario. La chica se retiró presurosa y en completo silencio.

La oficina de Corrales estaba decorada con la proporción exacta entre abundancia y buen gusto. Era algo pequeña y nosotros tres la copábamos casi en su totalidad. Propuse a Alex llamar a Corrales, pero no desde ningún número conocido. La idea era tomarlo totalmente desprevenido a ver qué respondía. Como siempre, esta llamada también sería grabada. Le pedí a Peyo su *SIM card* y la instalé en mi teléfono, que era desde el cual podíamos grabar la conversación. Todo esto, delante de la ya angustiada secretaria.

—Aló, contestó el abogado.

—Doctor Corrales, le habla Alex.

— ¿Alex? ¿Qué Alex?"

—El marido de Celia.

—De qué Celia me está hablando, señor.

—Hombre, doctor —contestó Alex ya algo enojado—. Le hablo del caso de los muertos de El Vizo, de la camioneta Toyota Prado roja, de la plata del seguro, de los *paracos* doctor. ¡Le hablo de parte de los *paracos*! ¿Ya se acordó?

—Claro que sí, señor Alex. Ya lo recuerdo. Dispense usted. La verdad, como son tantos casos que llevo, no lo identifiqué inmediatamente. ¿En qué le puedo ayudar?

—Es que nosotros estamos aquí en su oficina y queremos

hablar con usted.

—Mire, Alex, lo que pasa es que estoy por fuera y me demoro un poco.

—No importa, doctor. Aquí lo esperamos.

—Vea, señor Alex, voy a ser sincero con usted. Me informó mi cuerpo de seguridad que en mi oficina hay un grupo de hombres armados esperando mi llegada y ellos me recomiendan no presentarme por allá.

—¡Hombres armados! Qué va, doctor, aquí estamos con el señor Douglas Páez, usted sabe muy bien quién es él, y mi abogado, el doctor Mendoza. ¿O sea, que según usted nosotros somos unos bandidos? Qué digo "nosotros". Lo que usted quiere decir es que, como yo soy un delincuente, por eso usted no va a llegar.

—No, no, don Alex —respondió Corrales evidentemente nervioso—. No lo tome de esa manera. Lo que yo le quise decir es…

—¡Decir un carajo, doctorcito! Y escuche muy bien lo que le voy a decir. Estoy aquí con el señor Douglas Páez y sepa que él ha grabado todas las conversaciones sostenidas entre él y usted, esas mismas con las amenazas que usted le hacía creer a él que eran de parte de José Echeverry. Permítame informarle que esto tiene al señor Echeverry bien *puto* con usted, tanto que no quiere ni verlo. Así que nos ha mandado a nosotros a ver cuál es la *maricada* suya. Aquí está conmigo Peyo Vásquez, comandante de María La Baja, quien de parte de Juancho Dique viene a advertirle que solucione esta vaina enseguida. Ya sabemos que usted es el único responsable de la demora. En manos suyas queda la solución inmediata de esto. ¡Usted verá doctor, usted verá! —y me entregó el celular diciéndome:— Ciérrele a ese *hijueputa*.

Todo este diálogo amenazante, agresivo e intimidatorio fue manejado en un tono enérgico que denotaba absoluta autoridad, a pesar de que Alex en ningún momento levantó la voz. Ellos, los paramilitares, maestros en el arte de amedrentar, utilizan ese lenguaje corporal y hablado, provisto de términos comunes dentro de la jerga de los delincuentes, pero que, al ser escuchado por personas ajenas a este medio, resulta aterrorizante. En aquel momento recordé aquella llamada intimidatoria de Zambrano.

Todo esto sucedió en la sala de espera del abogado Corrales, delante de su secretaria. Al momento de abandonar la oficina, advertí en el rostro de esta chica una palidez cianótica, casi cadavérica, producto del pánico. Tratando de ser benévolo con ella, le sonreí y le guiñe el ojo. Además fui el único en despedirse al salir.

EL ANHELADO FINAL

Definitivamente, la visita a Corrales dio frutos. Pasada una semana exacta, me encontraba en compañía de mi abogado, el doctor Juan Sanabria, cuando recibí la muy esperada llamada de Corrales solicitándome una cita. Su voz denotaba preocupación, tartamudeaba un poco, y se despidió implorando que le colaborara en lo que pudiera para calmar los ánimos de los hombres de Echeverry. No le contesté nada, después de acordar la fecha y hora de la reunión, simplemente colgué. Comenté con el doctor Sanabria acerca del evidente nerviosismo del abogado y lo tomamos como buen augurio para lograr el anhelado final del caso.

Acudí a la cita acompañado de Sanabria. Corrales nos comentó lo peligroso que se había tornado este caso, apreciación que me sorprendió, ya que era él quien se había colocado en la situación actual. Declaraba sentirse apenado por el "malentendido" conmigo, una situación que, según él, había puesto en peligro mi vida. Él nos informó que había sugerido una cuantía a la aseguradora como compensación por la pérdida irreparable de don José e Iván José (dicha cantidad era tomada únicamente como cifra referente), y que la decisión final era absolutamente autónoma de los directivos de la aseguradora.

Comentó también que él le había recomendado a la directora regional de Seguros Dignity que manejara ella personalmente la negociación para que los hombres de Juancho Dique trataran directamente con ella. De este modo, Corrales intentaba expiar la furia y amenazas que estos personajes le habían expresado. El hombre en verdad lucía muy asustado y no hacía nada por ocultar su temor. Se había dado cuenta de que, al haberse hecho evidente su doble juego ante los paramilitares, quedaba vulnerable. Ahora era él quien quería dar por terminado lo más pronto posible el caso. Y así fue. La semana siguiente, exactamente el 13 de diciembre del 2006, después de 21 meses de aventuras, de zozobras y de arriesgar mi vida, por fin anunciaron la tan esperada reunión de conciliación con la aseguradora.

Minutos antes de la hora para acudir a la reunión, recibí una llamada de Alex, quien aún permanecía en María La Baja. Este me comentó que el acuerdo inicial que habíamos pactado de dividir la indemnización en tres partes iguales quedaba disuelto. Según Alex, Celia había meditado al respecto y quería compartir con nosotros sólo la mitad del dinero. Esta nueva condición inconsulta y a la carrera, justo antes de negociar con la aseguradora, me enojó mucho. Accedí de mala manera con tal de dar por finalizado este largo proceso que había hecho de mi duelo algo perenne.

En mi rostro se notaba el disgusto. Por eso, cuando colgué, mi hermana me preguntó: "¿Y ahora qué pasa?". Le comenté el cambio de parecer de Celia. Mi hermana, tomando mis manos y mirándome fijamente, me pidió: "Ay, hermanito, acepta lo que sea pero termina ya con esto. No quiero que te arriesgues más, por favor". Estas palabras, que salieron del alma de Faride, me conmovieron; pero aún no sabía cómo manejar esta nueva situación.

Llegada la hora de la reunión, salí de casa en compañía de Juan Sanabria. En el corto trayecto de la casa a las oficinas de la aseguradora, se me ocurrió la forma de tratar esta inesperada complicación. Justo frente a la puerta de Seguros Dignity, estacioné el auto y le comenté a mi abogado:

—Juan, sabes una vaina. No voy a dejar que esto pase. No permitiré que ellos cambien las reglas justo a último momento. Tú sígueme el juego y aprende, mi querido *doc*. Esto no se enseña en las escuelas de Derecho —y le sonreí.

Quince minutos después de la hora acordada, mi abogado y yo vimos llegar dos automóviles donde se desplazaban: Celia Chacón Rodríguez, la viuda; Alex Acevedo, alías Alex; el comandante paramilitar de María La Baja, alias Peyo; y el séquito de escoltas que siempre les acompañaban. Entraron al estacionamiento del Centro de Convenciones, el cual queda ubicado frente a las instalaciones de Seguros Dignity. Una vez aparcaron, se comenzaron a acercar. Yo sabía que ellos ya habían visto mi auto e inevitablemente debían pasar frente a nosotros para llegar a la aseguradora. Los esperé. Justo cuando pasaban junto a nosotros, bajé el vidrio de mi ventanilla, llamé a Alex y lo invité a subirse al auto.

—Ajá, viejo Alex, ¿cómo así que me van a cambiar casi dos años de acuerdo a última hora?

— Viejo Douglas, yo no tengo nada que ver con eso. Esta vieja *hijueputa* me salió con eso a última hora, justo cuando fui a recogerla en María La Baja.

Yo, no muy convencido del desconocimiento de Alex acerca de este cambio repentino, le comenté muy resuelto:

—Mire, Alex, yo a usted le he demostrado ser un hombre de palabra. He cumplido con todo lo que he prometido durante todo este tiempo. No voy a permitir este cambio de reglas ahora a último momento. Si estoy aquí sin estacionar el auto, es porque decidí que, si esta vieja sigue empeñada en ese cambio absurdo, tranquilamente me regreso a mi casa y no entro siquiera a la reunión, de manera que esta quedará automáticamente cancelada. Como estamos próximos a las festividades de fin de año, sé que no habrá otra cita sino hasta mediados de enero. Recuerda que la aseguradora sólo negociará con todas las partes presentes, así que ustedes dirán.

Alex lucía desconcertado. Había aprendido a conocerme. Sabía que, cuando me decidía por algo, era inamovible. Y así me estaba mostrando ahora. También sabía Alex que la aseguradora no negociaría con una sola de las partes. Si esto no se arreglaba ese mismo día, no alcanzarían otra cita antes de finalizar el año. Eso los dejaría sin dinero —lo único realmente importante para ellos— en plena época navideña.

Alex se bajó del auto visiblemente disgustado y se dirigió a Celia, quien lo esperaba en la entrada a la aseguradora. Yo los miré por el retrovisor del auto y estaba absolutamente convencido de que aceptarían. Noté ademanes y gesticulaciones propias de una discusión. Siete minutos después, regresó Alex y dijo:

—Viejo Douglas, está bien. Que todo siga como habíamos acordado inicialmente.

—Listo, *mijo*, así es como debe ser. Déjame que estacione el auto y salgo enseguida —le contesté.

Ya camino al parqueadero, el abogado Sanabria se quedó mirándome y, con una sonrisa en los labios, dijo:

—¡*Nojoda*, Douglas, tú eres la *cagada*!

La negociación con la aseguradora fue larga y hubo momentos delicados. Yo desenmascaré al abogado Corrales, esta vez delante de sus superiores. Con grabaciones en mano, mostré las amenazas que este inventó y que hacía parecer que venían de parte del dueño de la camioneta.

En un momento dado, Pedro Vásquez intervino con tono amenazante. Le dijo a la Coordinadora Regional de Indemnizaciones, traída exclusivamente desde Barranquilla para negociar este caso, lo siguiente:

—Mi nombre es Peyo Vásquez, y soy el comandante en María La Baja de las Autodefensas Unidas de Colombia. He sido enviado a esta reunión para dar un mensaje de mi jefe, Juancho Dique. Les manda a decir que necesita que hoy mismo se solucione todo esto —con su dedo índice golpeando firmemente la mesa donde estábamos sentados—. Que exige la solución inmediata de este problema. De lo contrario, tomaremos represalias, ¡y el primero en la lista es usted! —sentenció mientras señalaba al abogado Corrales.

Así de caldeados alcanzaron a estar los ánimos en esa reunión. Parecía mentira que todo esto estuviera pasando en las oficinas centrales de Seguros Dignity, en pleno centro de la ciudad de Cartagena y delante de tres de sus funcionarios de más alto rango. Sin embargo, ninguno de ellos fue capaz de protestar por estas amenazas, ni mucho menos de hacer denuncia alguna. Era innegable el poder alcanzado por estos delincuentes en aquella época.

Los representantes de la aseguradora se ausentaron para consultas y deliberaciones. Al poco tiempo regresaron con una cifra, y, después de una última negociación entre todas las partes, se llegó por fin a un acuerdo económico definitivo. Me parecía mentira que por fin podría dar vuelta a la fatídica página del fallecimiento de mi padre y hermano.

Pero aún no estaba todo resuelto. Mientras todos esperábamos, ya más relajados, la elaboración de los respectivos cheques, interrumpió el coordinador de siniestros de la aseguradora para indagar por lo que él pensaba debía ser un error:

—Disculpen, quiero verificar el hecho de que el cheque del señor Douglas Iván Páez es ostensiblemente de mayor cuantía que el de la madre y viuda de las víctimas. ¿Esto es correcto?

—Claro que sí, *mijo*, y apúrese que tenemos que viajar hasta María La Baja —contestó presurosamente Alex.

Yo sólo tenía derecho, por ley, a una tercera parte de la mitad, de lo que reconocieran por mi padre; sin embargo, logré obtener el mayor beneficio económico. Utilicé la avaricia de la viuda y de Alex, en contra de ellos mismos. Sutilmente los obligue a ceder dos tercios de la indemnización aprovechando que querían conseguir aquel dinero antes de las festividades de Navidad.

Por fin ya podría declarar cerrado este capítulo doloroso de mi vida. En la última etapa, siempre se me notaba cansado, enojado o preocupado. Mi duelo se había tornado insuperable. Cada situación peligrosa que se presentaba, cada solicitud que la aseguradora requería, traían a mi mente las imágenes perturbadoras de los dos cuerpos inertes de mis seres queridos.

UN ENCUENTRO CASUAL

Al poco tiempo de finalizada toda esta aventura, y dos años después de fallecidos mis familiares, me encontraba en el Centro Comercial Paseo de La Castellana comprando algunos encargos que me había hecho mi hermana. Era domingo, y Faride había organizado en su casa un asado familiar. Estaba solo en la fila, en espera de mi turno para cancelar en una de las cajas. De repente, se acercó un hombre desconocido, de tez blanca, alto de estatura, bien vestido y de muy buenos modales:

—Buenos días, señor. Usted es Douglas Páez, ¿cierto?

—Sí, señor, a sus órdenes —respondí evidentemente intrigado.

—Yo fui profesor de Iván José en sus últimos tres años —prosiguió el extraño—, y quiero decirle que no sólo fue un excelente alumno, sino también una excelente personita. Como él hablaba con tanto orgullo de su hermano Douglas, yo quiero hacerle un regalo.

Me quedé sorprendido pero expectante. De pronto, mis ojos se llenaron de lágrimas y quedé de una sola pieza cuando observé cómo este completo desconocido abrió su billetera y, de entre uno de los bolsillos de la misma, con mucho cuidado, sacó una foto laminada tipo carnet de Iván José y me la entregó. "Esto merece tenerlo usted", dijo. Casi no lo podía creer: el profesor había atesorado la pequeña foto de Ivancho desde su fallecimiento.

Este detalle me conmovió. De mis ojos aguados, dos lágrimas se deslizaron por mis mejillas, mientras observé la foto con detenimiento. Confundido, y tratando de comprender lo que me acababa de suceder, levanté la mirada en busca del extraño para agradecerle, pero, a lo lejos y entre la multitud, se fue confundiendo.

Todo esto es resultado de esa magia que envuelve nuestra tierra Caribe. Iván José era un niño que se daba a querer fácilmente. Si a esto le sumamos su trágica partida, y el especial afecto existente entre estos dos hermanos, podremos entender que el cariño suscitado en su maestro lo hizo atesorar la pequeña foto como homenaje.

Y mientras a mí estos episodios mágicos me ocurrían, a los otros personajes mencionados en esta historia la suerte les fue esquiva. Los que no terminaron rindiéndoles cuentas a las autoridades, la tragedia que ellos hicieron vivir a un número indeterminado de familias les pasó cuenta de cobro.

Cuatro meses después de aquella reunión final en seguros Dignity, me encontraba acompañado por mi suegro y mi pequeña hija Valeria, sentados en un estadero cualquiera, a orillas de la carretera, en la población de Turbaco. Captó la atención de mi suegro una camioneta Trooper 4 puertas de color plateado y una Toyota Burbuja vino tinto que pasaron junto a nosotros. Ambos vehículos se detuvieron abruptamente, giraron en U y comenzaron a regresarse hacia donde estábamos.

Mi suegro, algo nervioso, me advirtió de estos movimientos. En ese instante me hallaba de espaldas a la carretera limpiando las manitas embadurnadas de helado de la pequeña Valeria. De uno de los vehículos descendió Alex, quien, con una amplia sonrisa y brazos totalmente extendidos, se dirigió hacia mí, saludándome con un abrazo. Alex se hacía acompañar de nueve muchachos evidentemente armados, quienes estratégicamente se distribuyeron por todo el sitio. Después de las presentaciones de rigor, una corta conversación y un par de cervezas, Alex, posando su pesada mano campesina en mi hombro y con voz afectuosa, lanzó la expresión con la que se inició este relato: "Viejo Douglas, de verdad que a mí sí me hubiera *dolío* haberlo *matao* a usted". Esa fue la última vez que lo vi.

CADA QUIEN LABRA SU PROPIO DESTINO

El disfrute de la indemnización recibida en diciembre de 2006 no duró mucho para algunos. Por diferentes razones, a la mayoría de los protagonistas de esta historia la tragedia los tocó tempranamente:

Pedro Vásquez Pérez, alias Peyo, fue asesinado el 4 de julio del 2008, mientras manejaba su motocicleta en la vía que desde María La Baja conduce a San Pablo, sur de Bolívar. Tenía cincuenta años. A pesar de haberse desmovilizado, las huellas de su sangriento pasado regresaron a cobrar venganza.

Alexander Antonio Acevedo Torres, alias Alex, fue asesinado en su casa, delante de su esposa y pequeño hijo de siete años, el 13 de agosto del 2009. Contaba con apenas treinta y dos años. En este atentado también fue herido en la pierna un hermano suyo cuando trató de defenderlo.

Alexis Mancilla García, alias Zambrano, se encuentra recluido en la Cárcel El Bosque, en la ciudad de Barranquilla. Está en espera de condena desde el 2005.

Uber Enrique Banquez Martínez, alias Juancho Dique, se encuentra detenido en la cárcel La Picota, de Bogotá. Está en espera de condena desde el 2005.

José Benito Villarreal Ramírez, alias Echeverry, el 21 de enero del 2011, fue capturado en la localidad de Fundación (Magdalena). Al momento de su captura, era el cabecilla financiero de Maximiliano Bonilla Orozco, alias Valenciano. Era este quien manejaba la camioneta causante del fatídico accidente que acabó con las vidas de don José e Iván José Páez, en 2004. La prensa registró la captura de este sujeto de la siguiente manera: "Alias **Echeverry** también es sindicado de dirigir las estructuras criminales de alias Valenciano en los departamentos de Magdalena, Bolívar, Atlántico y Sucre, por lo que su captura será pieza clave en los operativos que se vienen realizando en procura de lograr la captura del peligroso jefe narcoparamilitar". Hoy en día se encuentra extraditado y juzgado en los Estados Unidos de América.

Celia Chacón Rodríguez, la viuda, quedó sin nada. Vendió la finca y mal gastó ese dinero en bebidas y ocio. Por otro lado, la indemnización que recibió de la aseguradora, al parecer le fue arrebatada por Alex en gran medida. La última vez que supe de ella fue un día que me llamó muy angustiada a pedirme ayuda porque, según sus propias palabras, Alex quería matarla. Yo me limité a recomendarle que acudiera a las autoridades y le colgué. En Malagana, último lugar donde residió, dicen que se fue para Venezuela. Jamás volvió a visitar la tumba de su hijo.

La inteligencia y la astucia siempre pueden salir airosas ante la opresión hiriente de la fuerza bruta. Estos paramilitares, con todo el poder de sus armas, no pudieron amedrentar a un hombre común y corriente, que, mostrando decisión y valentía, les dio lucha y se desempeñó airoso en sus terrenos, sin tener que utilizar sus mismas tácticas. La trágica e injusta muerte de unos seres queridos sirvió de motivación.

FIN

Registros noticiosos de la muerte y/o judicialización de algunos de los personajes de la presente crónica.

Desmovilización y sometimiento a la justicia del grupo paramilitar autodenominado: "Héroes de los Montes de María"

En el corregimiento San Pablo, en el municipio de María La Baja en el departamento Bolívar, el 14 de julio de 2005 se desmovilizó el frente Héroes de los Montes de María.

Su comandante general: Uber Banquez Martínez, alias "Juancho Dique".

Comandante militar y jefe de sicarios, Alexis Mancilla, alias "Zambrano"

Registro noticioso de la muerte de alias Pello

Fuente: Diario El Universal Abril 7 del 2008, sección Sucesos.

07/04/2008 En María La Baja (Bolívar), desconocidos asesinaron a Pedro Vásquez Pérez, de 50 años y apodado "El Pello", desmovilizado del bloque Héroes de los Montes de María de las AUC. Fuente: El Universal

Registro noticioso de la muerte de alias Alex

Fuente: Diario el Universal agosto 13 de 2009

Titular: "Un agricultor fue asesinado a bala en hechos que ocurrieron el jueves en la noche en el municipio de María La Baja".

En el barrio El Paraíso, en María La Baja, murió Alexander Antonio Acevedo Torres, de 33 años.

Según la Policía, un hombre entró a su casa y le disparó delante de su familia.
Un hermano de la víctima que trató de salvarla fue baleado en una pierna. El victimario escapó en una moto y no ha sido capturado.

Captura de José Benito Villarreal Ramírez, alias "José Echeverry"

Fuente: Revista Semana, Enero 21 del 2011

Foto: COLPRENSA

El director general de la Policía Nacional, general Óscar Naranjo, informó que en las últimas horas unidades especializadas de la Dirección Antinarcóticos capturaron en la localidad de Fundación, Magdalena, a José Benito Villarreal Ramírez, alias Echeverry, cabecilla financiero de Maximiliano Bonilla Orozco, alias Valenciano.

Alias Echeverry también es sindicado de dirigir las estructuras criminales de alias Valenciano en los departamentos de Magdalena, Bolívar, Atlántico y Sucre, por lo que su captura será pieza clave en los operativos que se vienen realizando en procura de lograr la captura del peligroso jefe narcoparamilitar.

CREDITOS

Datos del autor:
Douglas Iván Páez Sosa
Sistem Tech.
dpaezsosa@yahoo.es

Revisión Literaria:
Margarita Sorock, PhD
Literatura y Lenguaje Hispánico
City University of New York, CUNY

Corrección de Estilo:
Víctor Menco Haeckermann
Máster en Español, Universidad de Texas-Pan American

ISBN: 978-958-46-6110-4

www.ingramcontent.com/pod-product-compliance
Lightning Source LLC
Chambersburg PA
CBHW031354160726
47993CB00002B/963